Kinderleicht

Familienspaß im Garten

Modeste Herwig

Kinderleicht

Familienspaß im Garten

KOSMOS

Aus dem Niederländischen übersetzt von Martina den Hertog-Vogt
Titel der Originalausgabe: De familiemoestuin
Erschienen bei Kosmos Uitgevers B.V., Utrecht
unter ISBN 978 90 215 4416 8

Fotos und Abbildungen wurden alle von Modeste Herwig gemacht, außer der Folgenden:
Rob Herwig: Seite 8, 13 (rechts), 52 (unten), 54 (links), 61 (rechts), 63 (Gelbe Rübe), 65, 66 (unten), 67 (rechts), 70, 78, 89 (links), 101 (oben und rechts), 113 (unten links), 115 (Kiwi), 132 (unten rechts), 139 (rechts), 140, 141 (links). Karin van den Hoven: Seite 36 (links oben), 49 (links), 92 (links), 117 (rechts). Maayke de Ridder: Seite 9 (oben)

Umschlaggestaltung von Atelier Reichert, Stuttgart, unter Verwendung von fünf Fotos von Modeste Herwig und ein Foto von Karin van den Hoven (Umschlagvorderseite rechts)

Gedruckt auf chlorfrei gebleichtem Papier

1. Auflage

ISBN: 978-3-440-11177-2
Redaktion: Birgit Grimm
Produktion: DOPPELPUNKT Auch & Grätzbach GbR, Stuttgart
Printed in Netherlands

Bibliografische Information der Deutschen Nationalbibliothek:
Die Deutsche Nationalbibliothek verzeichnet diese Publikation in der Deutschen Nationalbibliografie; detaillierte bibliografische Daten sind im Internet über http://dnb.ddb.de abrufbar.

Inhalt

Familienspaß im Garten Vorwort

Warum sollte man in der heutigen Zeit noch selbst Gemüse und Obst anbauen? Die Geschäfte sind voll davon, und jeder hat so viel um die Ohren. Dennoch gibt es viele Gründe, essbare Pflanzen im eigenen Garten zu kultivieren. Selbst gezogenes Gemüse ist immer frisch, von biologischer Qualität und hat einen hervorragenden Geschmack. Aber vor allem das Gärtnern im eigenen Gemüsegarten ist der Grund: Es ist eine entspannende und zufrieden stellende Tätigkeit, die uns der Natur näher bringt. Man kann den Kindern wieder zeigen, wie Gemüse und Obst wachsen. Beeren wachsen nicht in Plastikkörben, sondern an Sträuchern, und wenn man im Frühjahr Kartoffeln in den Boden steckt, kann man im Sommer auf Schatzsuche gehen. Aus einem kleinen Samen wächst innerhalb weniger Monate eine riesige Sonnenblume oder ein toller Kürbis. Das Anlegen eines Gemüsegartens ist ein lehrreiches und entspannendes Projekt für die ganze Familie.

Mithilfe der praktischen Tipps in diesem Buch kann jeder Hobbygärtner essbare Pflanzen kultivieren und ihre Schönheit und ihren Geschmack genießen. Zunächst werden die unterschiedlichen Arten von Gemüsegärten vorgestellt: Ein klassischer Gemüsegarten, ein kleines Gemüsebeet, Gemüse in Töpfen oder im Ziergarten integriert. In dem Abschnitt über Gemüsegärten für Kinder sehen Sie kleine Gärten, die speziell für Kinder angelegt wurden, und Sie erfahren von verschiedenen schönen Projekten. Auch der Familiengarten sorgt für Inspiration. Die ausführlichen Gemüsebeschreibungen vermitteln Ihnen alle Informationen, die Sie für die Anzucht der unterschiedlichen Sorten brauchen. Dazwischen finden Sie zudem schmackhafte Rezepte zur Verarbeitung Ihrer Ernte, denn darum geht es schließlich. Am Ende des Buchs befindet sich ein Teil über Planung, Düngung, Vermehrung und andere praktische Dinge. Der Garten-Kalender bietet Ihnen einen Überblick über die Arbeiten im jeweiligen Monat.

Der Gemüsegarten braucht ein neues Image. Es ist nicht notwendig, auf einem Feld voller Kartoffeln hart zu arbeiten, Kohl und andere Gemüse können auch im kleineren Rahmen als Ergänzung der täglichen Nahrung kultiviert werden. Sogar in einem ganz kleinen Gemüsegarten, in Töpfen oder zwischen den Ziersträuchern an der Terrasse. Für dieses Buch habe ich mithilfe von begeisterten Hobbygärtnern diverse Gärten angelegt, insbesondere mit Gemüsen und mit Kindern viele verschiedene Projekte ausprobiert. Ich hoffe, Sie werden sehen, dass Gemüse zu kultivieren viel einfacher und lustiger ist, als man glaubt.

Modeste Herwig

Einleitung

Historische Gemüsegärten

Um selber Gemüse und Obst kultivieren zu können, braucht man keinen Schlossgarten. Viele Arten passen gut zwischen Zierpflanzen oder gedeihen hervorragend in Töpfen und Kübel. Es gibt so viele attraktive Gemüsesorten, wie der rote Krauskohl, die Rote Bete mit dem blutroten Laub oder der Rotkohl mit den violettblauen Blättern. Von der verborgenen Ecke hinten im Garten hat sich der Gemüsegarten zu einem auffälligeren Ort gemausert: Der Gemüsegarten ist vom Nutzgarten zum essbaren Ziergarten aufgestiegen.

Die ersten Gärten waren immer Nutzgärten, voll mit essbaren oder heilkräftigen Pflanzen. Nach einiger Zeit wurde der Garten zunehmend ein angenehmer Ort zum Verweilen. In der viktorianischen Zeit hatten die großen Landgüter, neben einem Ziergarten, auch einen reichhaltigen Nutzgarten mit Gemüsen, Kräutern, Schnittblumen, Obst und wärmeliebenden Pflanzen in Gewächshäusern. Hierzu gibt es vor allem in England und in Frankreich immer noch sehr schöne Beispiele. In Frankreich die berühmten Potage bei Château Villandry, aber auch bei Château Bosmelet in der Normandie. In England findet man auf nahezu jedem Landgut einen traditionellen Nutzgarten mit Gewächshäusern. Die Engländerin Joy Larkcom experimentierte in den achtziger Jahren mit dekorativen, oft exotischen Gemüse und hat viele Hobbygärtner zum Anlegen eines „Potagers“ (besonderes Gemüsebeet) inspiriert. In so einem Garten wird eine harmonische Kombination aus Schönheit und Produktivität angestrebt. In Holland wird bei den Schlössern Muiderslot und Twickel der alte Nutzgarten noch in Ehren gehalten.

- **LINKS** Der ertragreiche und dekorative Gemüsegarten von Château Villandry in Frankreich.
- **OBEN** Der historische Gemüsegarten des Schlosses Muiderslot in Muiden (Holland).
- **UNTEN** Eine wahre Inspiration: Einjährige Blumen in einem offenen Gemüsegarten.

Vergessene Gemüse

Ein moderner Gemüsegarten enthält Sorten, die ursprünglich aus fernen Ländern stammen. Manche werden bereits seit langer Zeit in Gärten gezogen, von anderen Arten gibt es neuere, ertragreichere Gartensorten. Diese modernen Gemüse, oft sogenannte F1-Hybriden, sind für kommerzielle Züchter sehr attraktiv, welche die Pflanzen im großen Rahmen ziehen und auf der Suche sind nach Einheitlichkeit, Haltbarkeit und hohem Ertrag. Der Hobbygärtner legt Wert auf andere Eigenschaften, wie guten Geschmack, Vielfalt und sogar ein dekoratives Aussehen der Pflanze. Alte, inzwischen fast vergessene Gemüsesorten erfreuen sich in den letzten Jahren wieder größerer Beliebtheit. Mittlerweile gibt es in vielen Ländern Vereinigungen, die es sich zum Ziel gesetzt haben, alte vergessene Gemüse wieder zu Ehren zu bringen und zu erhalten. Es lohnt sich, auf die Suche zu gehen (siehe auch Seite 156).

Gesunde Ernährung wird immer wichtiger – mit selbst gezogenem Gemüse auf dem Teller weiß man genau, was man isst. Die meisten Hobbygärtner kultivieren biologisch und verwenden organischen Dünger. In ihrem Gemüse sind keine Rückstände giftiger Chemikalien oder anderer schädlicher Stoffe zu finden, wie das bei gekauftem Gemüse oftmals sehr wohl der Fall ist. Frisches Gemüse enthält zudem ein Höchstmaß an Vitaminen; in diesem Buch werden bei der Besprechung der unterschiedlichen Gemüsesorten immer die wichtigsten Vitamine und Mineralien erwähnt. Selber Gemüse anbauen macht also nicht nur Spaß, sondern ist auch noch gesund.

Schrebergärten und Schulgärten

Die gesamte Familie mit selbst gezogenem Gemüse, Kräutern und Obst zu ernähren, wird für die meisten nicht das Ziel sein. Für eine vierköpfige Familie wären dazu immerhin etwa 500 m^2 nötig. Es geht vielmehr um eine Ergänzung mit wohlschmeckenden und gesunden Früchten und vielleicht auch um schöne Blumenbeete. Für die Pflanzenaufzucht braucht man nun einmal Platz. Dieses Buch ist für Menschen, die lediglich wenige Töpfe und Kübel zur Verfügung haben und diejenigen, die einen großen Nutzgarten bewirtschaften möchten. Falls der Platz beschränkt ist, sollte man sich vielleicht über die Möglichkeit eines Schrebergartens oder Schulgartens informieren.

Der Schrebergarten

Der traditionelle Schrebergarten besteht aus langen, verhältnismäßig schmalen Beeten, in denen große Gemüsegruppen gepflanzt sind. Hier geht es um Ertrag. Heutzutage soll der Schrebergarten aber auch hübsch aussehen.Zudem gibt es eine größere Auswahl an Gemüse, Kräutern und Blumen. Wenn in Hausnähe kein Platz ist, um Gemüse zu kultivieren, bietet ein Schrebergarten eine gute Lösung. Stellen Sie sich zunächst die Frage, was das eigentliche Ziel ist: Blumen zu pflanzen, Salate ernten zu können, viele Gemüse zu kultivieren, einen Obstgarten anzulegen oder vielleicht zusammen mit den Kindern zu gärtnern. Bei der Stadtverwaltung bekommt man Informationen über verfügbare Gartengrundstücke. Dinge, die berücksichtigt werden sollten, sind Größe des Grundstücks, die Lage, ob Wasser und Lagerraum vorhanden sind, bautechnische Auflagen für ein Gewächshaus und der Grenzabstand, der eingehalten werden muss.

Der Schulgarten

Um das Jahr 1900 wurde in Amsterdam der erste Schulgarten angelegt; in den achtziger Jahren gab es in dieser Stadt nicht weniger als 16 Schulgärten. Zu Anfang dieses Jahrhunderts nimmt die Zahl der Schulgärten leider wieder aufgrund von Einsparungsmaßnahmen ab. Die Gärten, die es jetzt noch gibt, kombinieren meistens einen Gemüsegarten mit einem Naturgarten, und oft spielen Eltern und Großeltern eine wichtige Rolle. Die teilnehmenden Kinder bekommen Gartenunterricht und lernen in der Praxis, wie sie die wichtigsten Gemüse kultivieren können. Sie sehen, wie das Gemüse wächst, entdecken den Duft und den Geschmack und lernen lauter kleine Tiere kennen. Doch sie erlernen auch allgemeine Fähigkeiten: zum Beispiel dass man etwas unternehmen muss, wenn man etwas erreichen möchte, wie man einander helfen kann, und hoffentlich auch Respekt vor den Pflanzen und Tieren. Eine ausgezeichnete Möglichkeit, Kinder der Natur näher zu bringen, vor allem wenn hierfür zu Hause kein Platz ist.

Der klassische Gemüsegarten

- **LINKE SEITE** Ein klassischer Gemüsegarten mit Gewächshaus und erhöhten Gemüsebeeten.
- **LINKS** Gemüse, das in einem breiten Beet in Reihen kultiviert wird.
- **UNTEN** Ein großer Gemüsegarten mit langen, schmalen Beeten.

Die Kultur von Gemüse in Beeten und in Reihen bringt meistens ein gutes Ergebnis und vereinfacht die Pflege. Die Beete in einem klassischen Gemüsegarten sind häufig verhältnismäßig lang und etwa 1,20 m breit. Auf diese Weise hat man von beiden Seiten leichten Zugang zum Gemüse, ohne ins Beet steigen zu müssen, und Folientunnel können leicht angewendet werden. Die Beete sollten am besten Nord-Süd ausgerichtet sein, mit den höchsten Pflanzen an der Nordseite.

Die Pfade zwischen den Beeten können etwa 30 bis 40 cm breit sein. Wenn man mit einer Schubkarre darüberfahren möchte, sind 60 cm erforderlich. Man kann sie mit Platten belegen, sie können auch aus Rasen oder festgetretener Erde bestehen. Ein Plattenweg sieht sehr gepflegt aus, jedoch werden die Platten nach einiger Zeit absinken, wenn regelmäßig Kompost oder Dünger auf die Beete ausgebracht wird. Schmale Graswege müssen gemäht werden und werden schnell mit Erde verschmutzt. Natürlich gibt es viele andere Möglichkeiten, einen klassischen Gemüsegarten anzulegen, wie die Einfassung der Beete mit niedrigen Hecken oder eine Umrandung aus Weidenruten. Durch eine Einteilung in größere quadratische Flächen können mehr Pflanzen kultiviert werden als in schmalen Beeten; in diesem Fall wird jedes Beet etwa 2,50 auf 2,50 m groß sein, dies vereinfacht auch die Mischkultur (siehe Seite 136).

Beete mit System

Bei unserem „Beetsystem" werden die Beete erhöht angelegt. Sie können verschiedene Formen und Maße haben, jedoch sollte die Abmessung so sein, dass man das Beet nicht betreten muss (maximal 1,25 m breit). Meistens werden die Beete mit Brettern eingefasst, eventuell noch geschmückt mit Weidenruten (Bild links) oder mit niedrigen Hecken (siehe Seite 137). Der Boden in den Beeten hat eine lockere Struktur, auch an den Rändern, und die Pflanzen können dicht zusammengepflanzt werden. Die Einteilung mit erhöhten Beeten ist sehr übersichtlich und der Boden kann auf einfache Weise verbessert werden. Dieses System eignet sich sehr gut für biologisches Gärtnern, wobei die Bodenqualität immer an erster Stelle steht. Bei der Kultur in Hochbeeten entstehen automatisch Wege, die mit Kies oder Rindenmulch ausgelegt werden können.

Das Gemüsebeet

Unser kleines Gemüsebeet leitet sich vom französischen Wort „Potager" ab und bedeutet nichts anderes als Gemüsegarten oder Gemüsebeet: mit Pflanzen für die „Potage" (Suppe). Mittlerweile trifft diese Bezeichnung jedoch eher auf Gemüsegärten zu, die sowohl dekorativ als auch produktiv sind. Dort wachsen viele dekorative Gemüse, aber auch Blumen. Meistens entscheidet man sich für eine schöne Beeteinteilung, z. B. einen in Käsekästchen aufgeteilten Kreis oder andere geometrische Formen.

Die Beete können durch niedrige Mäuerchen oder Hecken eingefasst werden. Die Wege sind mit Steinen ausgelegt oder mit einer Kiesschicht bedeckt. Oft werden die Wege geschmückt mit Bögen, zum Beispiel aus Spalierobst oder mit Kletterpflanzen bewachsenen Zäune. Ein „Potager" kann auch sehr frei gestaltet sein: eher als Rabatte, mit einer Mischung aus Gemüse, Blumen und Kräutern. Das ergibt oft ein wunderschönes Bild, jedoch ist es manchmal schwierig, an die Pflanzen heranzukommen.

Mit Buchs eingefasste Beete bilden einen Kreis in der Mitte dieses Gemüsegartens. **BILD LINKS**

Ein Gemüsegarten mit Graswegen, an den Bögen ranken Bohnen und Platterbsen *(Lathyrus)* empor. **BILD RECHTS**

Gemüse mit dekorativem Blatt sind hier der Blickfang. **BILD RECHTE SEITE**

Beim Pflanzen des Gemüses werden schöne Kombinationen angestrebt. Verschiedenfarbige Salatsorten werden zum Beispiel abwechselnd gesetzt, oder jede Gemüsegruppe erhält eine Umrandung aus Petersilie. Wenn Gemüse in mehreren Beeten angebaut wird, kann jedes Beet ein anderes Blatt- und Blumenmuster bekommen. Ein Nachteil dieser Art von Gemüseanbau ist, dass es manchmal schwierig wird, das Gemüse auch tatsächlich zu ernten: Das sorgfältig angelegte Muster wird „beschädigt". Außerdem ist eine Mischkultur schwieriger durchzuführen (siehe Seite 136). Mit einer guten Planung gelingt es jedoch sicher, ein hübsches Beet (Potager) anzulegen, das gut aussieht und von dem man tatsächlich auch noch ernten kann.
In einem Garten, in dem kein Platz ist für einen gesonderten Gemüsegarten, bietet ein solches Beet die optimale Lösung.

Planung

- Erstellen Sie zunächst einen Grundriss auf Papier mit einer Liste der gewünschten Pflanzen.
- Verwenden Sie nicht zu viele Stauden und Sträucher, denn es macht mehr Spaß, jährlich die Bepflanzung zu ändern.
- Setzen Sie Gemüse und einjährige Blumen gemischt.
- Begrenzen Sie die Beete mit niedrigen Pflanzen, wie Stiefmütterchen, Verbenen oder Gamander *(Teuricum)*.
- Verwenden Sie dekorative Kletterhilfen für Kletterpflanzen, wie Bohnen, Kürbisse und Platterbsen.
- Wählen Sie Spalierobst oder einen Hochstamm-Obstbaum, das spart Platz.
- Verleihen Sie Ihrem Beet mit einer großen Pflanze, wie Artischocke oder Mais, Struktur.
- Wählen Sie nicht zu viele unterschiedliche Pflanzen, weniger ist mehr.

Beliebte Pflanzen fürs Gemüsebeet

- Eichblattsalat 'Red Salad Bowl'
- Mangold 'Bright Lights'
- Rote Bete 'Bull's Blood'
- Radicchio 'Indigo'
- Blumenkohl 'Nero di Toscane'
- Rotkohl
- Kohlrabi 'Azur Star'
- Knollenfenchel 'Fino'
- Zucchini und Kürbis
- Feuerbohne 'Painted Lady'
- Zuckermais
- Artischocke und Kardy
- Rhabarber
- Spalierobst, wie Äpfel und Birnen
- Kräuter, wie Petersilie, Schnittlauch, Dill und Schwarznessel
- Blumen, wie Kapuzinerkresse, Ringelblumen, Kosmeen, Sonnenblumen, Zinnien und Platterbsen *(Lathyrus)*

Gemüse im Ziergarten

Vor allem Blattpflanzen werden gerne in Rabatten eingesetzt; sie bilden oft die Grundlage der Gestaltung. Gemüse mit schönen Blättern, wie zum Beispiel Mangold, Rüben, Kohlsorten und Salat sind also ausgezeichnet für die Verwendung im Ziergarten geeignet. Pflanzen Sie doch mal eine Kardy statt einer Edeldistel oder rotstieligen Mangold statt einer Bergenie.

Für eine gute Ernte ist der Standort sehr wichtig. Die meisten Arten sind recht anspruchsvoll und fordern einen lockeren und nährstoffreichen Boden, viel Sonne und ausreichend Platz. Eine junge Salatpflanze, die schon bald von den Blättern einer anderen Pflanze verdeckt wird, hat kaum eine Chance, sich zu entwickeln. Geben Sie dem Gemüse also auf jeden Fall ausreichend Platz. Wenn im Garten eine große Rasenfläche vorhanden ist, kann man sich überlegen, von dieser Fläche einen Teil zu opfern. Die Pflege eines Rasens ist sehr zeitaufwändig, und mit ebenso viel Einsatz kultiviert man an dieser Stelle schönes und wohlschmeckendes Gemüse. Ein sonniger Platz auf der Terrasse kann mit Töpfen geschmückt werden, in denen Gemüse und Kräuter wachsen. Wenn der Spielplatz für die Kinder nicht mehr erforderlich ist, kann ein Kindergemüsegarten daraus gemacht werden. An Beeträndern macht sich Schnittlauch recht hübsch. Wenn sich innerhalb der bestehenden Bepflanzung eine Kahlstelle bildet, können Sie diese mit Salat oder Kohl auffüllen. So lassen sich essbare Pflanzen auf unterschiedliche Weisen in einem bestehenden Garten integrieren, ohne den ganzen Garten umzugestalten.

Gemüse für den Ziergarten

Hohe und schnell wachsende Gemüse haben bessere Chancen zwischen anderen Pflanzen. Besonders für den Ziergarten sind deswegen Kletterbohnen, die zudem sehr schöne Blüten treiben, geeignet. Die Artischocke ist eine dekorative Pflanze, die zwischen anderen Pflanzen gut gedeiht. Mangold ist sehr robust und die Sorten mit den bunten Blattnerven sind in bunten Beeten sehr zierend. Am Rand der Rabatte oder zwischen einzelnen Stauden können Gemüse, wie Salat, Kohl und Rüben wachsen. Auch Obst kann man in einen Ziergarten integrieren. Ein kleiner Apfelbaum als Spalierobst-Hecke oder an der Wand, oder eine Hochstamm-Stachelbeere. Erdbeeren gedeihen gut in Töpfen, Rote Johannisbeeren können in Fächerform an einem Zaun aufgebunden werden, und eine Kiwi, stachellose Brombeere oder eine Weinrebe kann über die Pergola wachsen. Kräuter benötigen meist ein Plätzchen in einer sonnigen Rabatte. Gilt es eine kleine Lücke im Garten zu stopfen, so pflanzt man dort einen Kürbis oder eine Zucchini; diese Pflanzen gedeihen auch ausgezeichnet auf dem Komposthaufen.

Einen Pflanzplan entwerfen

Bei der Planung einer Bepflanzung empfiehlt es sich, einige Dinge zu berücksichtigen, ob es sich hierbei nun um Zierpflanzen oder um Gemüse handelt. Zunächst ist der richtige Standort für eine Pflanze wichtig, wobei hier die Lichtverhältnisse, die Feuchtigkeit und die Bodenbeschaffenheit betrachtet werden müssen. Daneben spielt auch das Äußere einer Pflanze eine große Rolle: Welche Farben werden bevorzugt, wie hoch wird die Bepflanzung und wann blühen die meisten Pflanzen? Schließlich wird eine Liste mit geeigneten Pflanzen zusammengestellt. Hierbei wird auf Blüten- und Blattfarbe, Blütezeit, Form der Blüten und des Laubs, die Höhe sowie die Breite der Pflanze und deren Anforderungen an ihre Umgebung geachtet. Zeichnen Sie einen maßstabgerechten Grundriss und verteilen Sie die Pflanzen über den verfügbaren Platz. Im Frühjahr können Sie mit der Bepflanzung beginnen.

- **LINKE SEITE, LINKS** Steintröge mit Wasser, Gemüse und Sand als spezieller „Kindergarten"
- **LINKE SEITE, RECHTS** Salatköpfe zwischen Rosen
- **RECHTE SEITE, LINKS** Zierpflanzen und Gemüse in mit Buchs eingefassten Beeten
- **RECHTE SEITE, RECHTS** Beete im Ziergarten für Blumen und Kräuter.

& FYFFES
LIMITED 10/-

Wer mit einer kleineren Ernte zufrieden ist, kann Gemüse und Kräuter auch in Töpfen kultivieren. Ein Kasten mit Pflücksalat, ein großer Kübel mit Zucchini oder sogar eine Hängeampel mit Tomaten. Auf diese Weise wird ein Innenhof, Balkon oder ein Dachgarten in ein wahres Gemüseparadies verwandelt.

Von Gemüse und Kräutern, die in Töpfen kultiviert werden, kann man keine große Ernte erwarten. Es dreht sich eher um den dekorativen Wert des Gemüses und um den Spaß am Gärtnern. Die Ernte wird aber nur üppig ausfallen, wenn die Töpfe in der vollen Sonne stehen dürfen. Die Erde in den Töpfen trocknet jedoch sehr schnell aus – an einem warmen Sommertag ist es oft nötig, sogar zweimal zu gießen. Zudem muss regelmäßig nachgedüngt werden, was mit Flüssigdünger im Gießwasser kein Problem ist. Ein Gemüsegarten in Töpfen kann also im Sommer nicht lange allein gelassen werden.

Gemüse für Töpfe

- Schnittlauch *(Allium schoenoprasum)*
- Rüben und Mangold *(Beta vulgaris)*
- Kohl *(Brassica oleracea)*
- Peperoni *(Capsicum annuum)*
- Rhabarber *(Rheum rhabarbarum)*
- Salat und Salatmischung *(Lactuca sativa)*
- Tomaten und Paprika *(Lycopersicon* und *Capsicum)*
- Spalierobst *(Malus* und *Pyrus)*
- Brunnenkresse *(Nasturtium officinaie)*
- Radieschen *(Rhaphanus sativus)*
- Erdbeeren *(Fragaria* x *ananassa)*
- Petersilie *(Petroselinum crispum)*
- Salbei *(Salvia officinalis)*
- Spinat *(Spinacea oleracea)*

Gemüse in Töpfen

Töpfe

Je größer der Topf desto besser, denn dann ist die Gefahr geringer, dass die Erde austrocknet. Es sollten nur Töpfe mit Löchern im Boden verwendet werden. Legen Sie unten zunächst eine Schicht Tonscherben oder Blähton und füllen Sie dann den Topf mit frischem Substrat. Die Erde kann mit Düngerkörnern vermischt werden. Terrakottatöpfe sollten von innen mit Plastik ausgelegt werden, um die Verdunstung durch die durchlässige Topfwand zu verhindern. Kunststoffbehälter, wie Balkonkästen, sind sehr gut geeignet, allerdings nicht immer schön. Große Betonringe, wie sie für die Abwasserleitungen verwendet werden, eignen sich sehr gut als große Kübel. Eine halbe Regentonne ist groß und ideal als Kräutergärtchen. Mit einigen stabilen Pfosten und Brettern kann man auf einfache Weise ein Blumenbeet fertigen, zum Beispiel am Rand einer Terrasse (Bild unten links).

Für manche Gemüsearten, wie Radieschen und Salat, ist eine Pflanztiefe von 20 cm bereits ausreichend, in größeren Töpfen sind Gemüsesorten, wie Kohl und Zucchini gut aufgehoben. In eine Hängeampel können Kräuter und zum Beispiel Hängetomaten gepflanzt werden. Wenn man in einen Topf eine Kletterhilfe platziert, können auch Kletterpflanzen, wie Bohnen und Kürbisse, gezogen werden. Sogar ein Beutel Pflanzenerde ist ein hervorragender Behälter für die Gemüsekultur (siehe Seite 135). Drinnen auf der Fensterbank lassen sich Kräuter, Gartenkresse und Keimlinge (siehe Seite 50) ziehen. Auf der Außenseite des Fensters kann ein Blumenkasten mit Kräutern oder Pflücksalat einen sehr schönen Effekt erzielen.

Gemüsemischungen

Es empfiehlt sich, nur eine Sorte pro Topf anzupflanzen; ein Pflanzenmix hat eher einen dekorativen Effekt. In einem etwas größeren Topf kann man das sogenannte „Sandwichsystem“ anwenden. Eine Mischung aus schnell und langsam wachsenden Pflanzen sorgt dafür, dass man über einen längeren Zeitraum hinweg ernten kann. Zum Beispiel Petersilie, Rüben und Mais: Wenn der Mais groß ist, sind Petersilie und Rüben bereits abgeerntet. Andere gute Kombinationen sind Radieschen und Mangold oder Salat und Kohl.

Familiengarten
Frühjahr

Im Gemüsegarten von Karin wachsen schöne und wohlschmeckende Gemüse, Obst und Blumen, und es gibt auch ein kleines Gewächshaus und eine gemütliche Terrasse. Es ist ein richtiger Familiengarten, an dem die ganze Familie Spaß hat. Karin hat sich für eine klare Aufteilung entschieden und den Gemüsegarten in Beete aufgeteilt. Die Beete sind mit großen Steinen eingefasst, dazwischen wurden Kieswege angelegt.

Es gibt ein ganzes Beet für Erdbeeren, denn die mögen die Kinder so gerne. In den drei anderen Beeten wachsen Bohnen, Kohl, Salat, Rüben und noch viele andere Gemüse. Vorne gibt es zwei Beete mit Kräutern und hinter dem Gemüsegarten ist Platz für Beerensträucher. Im Frühjahr helfen Lynn (acht Jahre) und die Zwillinge Bram und Daan (sechs Jahre) gerne beim Säen und Pflanzen. Vor allem Zucchini, Kürbisse und Mais sind ihre Lieblingsgewächse. Sie wachsen schnell und tragen schöne und wohlschmeckende Früchte. Die Kinder säen die großen Samen in Töpfchen, kleine Jogurtbecher oder sogar Klorollen sind hierfür geeignet. Die Sämlinge werden im kleinen Gewächshaus vorgezogen und kommen ab Mitte Mai ins Freiland. Es werden auch bereits einige Blumen ausgesät, so dass im Sommer schöne Blumensträuße gepflückt werden können.

Mini-Gewächshaus

Viele Gemüse können bereits im März/April an einem warmen Platz vorgezogen werden. Deshalb stellt Daan seine Töpfchen mit Samen in ein Mini-Gewächshaus, das sich über der Heizung befindet. Die kleinen Sämlinge können sich allmählich an die Außentemperatur gewöhnen und im Mai im Garten ausgepflanzt werden.

- **LINKE SEITE** Im zeitigen Frühjahr werden die Beete im Gemüsegarten mit Gemüse, Obst und Blumen erneut bepflanzt.
- **LINKS OBEN** Lynn sät die Kürbisse in kleine Töpfchen aus.
- **MITTE** Karin und Lynn platzieren die Stangen für die Kletterbohnen.
- **LINKS UNTEN** Daan sät verschiedene Gemüsesorten in sein Mini-Gewächshaus.
- **RECHTS** Karin und Lynn ruhen sich von der Gartenarbeit ein wenig aus.

Karin hat einige üppige Blütenpflanzen zwischen das Gemüse gesetzt, damit der Gemüsegarten auch hübsch aussieht; vorne die violettblauen Blüten der Katzenminze *(Nepeta)*. Außerdem wurden Gemüsesorten ausgewählt, die dekoratives Laub haben, aus denen Karin schöne Kombinationen zaubert. Auf dem Gartentisch steht eine Zinkwanne mit Pelargonien. Am Gewächshaus wurden Kletterrosen gepflanzt und am Pflaumenbaum neben dem Gewächshaus rankt sich ein Kletterer empor.

Sommer

Ernten Im Sommer ist der Gemüsegarten bereits üppig grün und die ersten Gemüse können geerntet werden. Daan und Bram pflücken die Zuckererbsen, und es gibt sogar schon Sommermöhren. Auch jede Menge Obst, das geerntet werden kann, vor allem viele Erdbeeren, Kirschen und Johannisbeeren. Aus den Kirschen, die übrig bleiben, macht Karin Konfitüre, aber die Erdbeeren werden alle frisch gegessen! Es gibt auch schon reife Zucchini. Sie schmecken besonders gut gedünstet oder als Suppe. Auch die Blüten der Zucchini sind essbar, zum Beispiel gefüllt mit Frischkäse oder in Bierteig frittiert.

Säen und pflanzen

Nach der Ernte wird im Gemüsegarten wieder Platz frei, wie an der Stelle der Zuckererbsen. Die Erde wird wieder gründlich gelockert und gedüngt. Karin sät noch einige Reihen Salat, Radieschen und Rüben. Die Kinder säen Gartenkresse im Tiermuster (Seite 42) und schon bald kommt eine grüne Katze im Garten zum Vorschein und ein toller Löwe. Es ist auch noch genügend Platz für junge Kohlpflanzen, die Karin im Gartencenter gekauft hat, und für den selbst gezogenen Grünkohl. In trockenen Perioden werden die jungen Pflanzen zusätzlich gegossen, es muss Unkraut gejätet werden und über die Erdbeeren wird ein Netz gespannt, damit die Vögel nicht alles wegfressen. Es gibt während dieser Zeit also genug im Garten zu tun.

- **LINKE SEITE** Der Gemüsegarten ist im Sommer üppig bewachsen. Bunte Blumen schmücken die Kiesterrasse am Gewächshaus.
- **OBEN** Auch die Katze fühlt sich im Gemüsegarten wohl!
- **UNTEN** Daan und Bram pflücken Zuckererbsen.

Spätsommer und Herbst

Im Spätsommer ist eine Menge zu ernten im Gemüsegarten. Es gibt noch einige Erdbeeren und am Gewächshaus wachsen Brombeersträucher und gelbe Himbeeren. Die meisten werden frisch gegessen, aber es bleibt auch noch etwas übrig, um daraus Eis zu machen.

Der Zwetschenbaum hängt voll, und Bram darf die reifen blauen Zwetschen pflücken. Weil es viel zu viele sind, macht Karin einen Teil der Früchte ein, die schmecken gut als Nachtisch im Winter. Die Kürbisse sind kräftig gewachsen und können geerntet werden. Karin macht daraus eine Suppe, und aus einem schönen orangen Kürbis schnitzt sie ein gruseliges Gesicht. Die Sonnenblumen sind voller Samen; die Kinder legen einige davon auf den Gartentisch, um zu sehen, welche Vögel sich davon anlocken lassen. Mit der alten Schubkarre kann nicht mehr gearbeitet werden, aber mit einigen Öffnungen im Boden ist daraus ein auffälliger Blumenkübel geworden, der die Kiesterrasse schmückt.

- LINKE SEITE, LINKS Bram pflückt Zwetschen. Es sind so viele, dass Karin einen Teil der Ernte einmachen wird.
- LINKE SEITE, RECHTS Der Gemüsegarten sieht im August noch immer schön aus. Über den Bögen wachsen Platterbsen *(Lathyrus)*, vorne sind Beete mit Kräutern zu sehen.
- LINKE SEITE, UNTEN In einem alten, rostigen Schubkarren hat Karin dieses Jahr einige bunte einjährige Pflanzen gesät, wie den Fuchsschwanz *(Amaranthus)*.
- RECHTE SEITE, LINKS An der Terrasse steht eine riesige Sonnenblume, und Flaschenkürbisse zieren die Kiesterrasse am Gewächshaus.
- RECHTE SEITE, RECHTS Lynn probiert die Brombeeren: Sie sind herrlich süß.

Winterfest

Die letzten Blumen werden für einen Herbststrauß gepflückt, danach werden die Beete winterfest gemacht. Der Grünkohl bleibt noch stehen; erst wenn es einmal gefroren hat, werden die Blätter geerntet. Einige Wintermöhren, Lauch und späte Kohlsorten, können noch eine Weile stehen bleiben. Auch wenn der Frost einsetzt, dürfen sie weiterhin geerntet und an einem kühlen Ort gelagert werden. Dann geht der Garten in den Winterschlaf, aber bereits im nächsten Jahr steht er erneut voll mit leckerem Gemüse.

Kindergemüsegarten

Kindergemüsegarten mit Beeten

Herrlich dunkelgrüne Zucchini

Lisanne

Speziell für dieses Buch wurden drei unterschiedliche Gemüsegärtchen für Kinder geplant. Ryan und Lisanne bepflanzen einen Garten, der nach dem Beetsystem angelegt wurde.

Mit bunten Brettern wurden vier Beete angelegt (230 × 130 cm); innerhalb der Beete wachsen die Gemüsesorten in Reihen. Mit diesem System kann auf verhältnismäßig kleiner Fläche eine überraschend große Ernte erwartet werden. Außerdem ist es sehr übersichtlich, und die Kinder können das Gemüse erreichen, ohne in die Beete steigen zu müssen. Siehe auch Seite 13.

Ryan

Sehr praktisch ist der selbst gemachte Topftisch.
Er ist ziemlich hoch, aber wenn die Kinder sich auf die Bank stellen, können sie alles prima erreichen (Bild links oben). Hier wird im Frühling Gemüse in Töpfchen ausgesät, danach ziehen sie um auf die Fensterbank. Die jungen Pflanzen werden vereinzelt und ab Mitte Mai im Gemüsegarten ausgepflanzt. Ryan und Lisanne haben sich entschieden für gelben Patisson, Salat, Zucchini, Bohnen, Möhren, Mais, unterschiedliche Kohlsorten und Blumen, wie Kapuzinerkresse und Ringelblumen. Anfang Juli ist der Garten dann schon voller Früchte, und bis Ende September kann geerntet werden.

- **LINKE SEITE, LINKS** Ryan und Lisanne am Topftisch, hier säen sie die Samen in Töpfchen aus.
- **LINKE SEITE, MITTE** Die Kohlpflanzen werden über ein Beet verteilt und dann eingepflanzt.
- **LINKE SEITE, RECHTS** Lisanne legt eine Reihe Bohnen.
- **LINKE SEITE, UNTEN** Das Ergebnis im August. Jetzt können gelbe Patisson, Zucchini und Bohnen geerntet werden. Im vorderen Beet wurde nach der ersten Ernte wieder junger Salat gepflanzt.

Große Blätter der gelben Patisson 'Sunburst'

Anfang Mai wird das kleine bunte Beet bepflanzt.

Darlisha und Marloes legen ein kleines buntes Beete an, in dem Gemüse und Blumen durcheinanderwachsen dürfen. Sie erwarten Zucchini, Radieschen und Bohnen für die Ernte und möchten auch gerne Blumen pflücken.

Bunte Beete im Kindergemüsegarten

Das Ergebnis im Juli

Das bunte Beet misst 2 × 3,50 Meter und wird an der Rückseite durch eine Hecke begrenzt. In der Mitte steht eine Kletterhilfe, an der sich Bohnen und eine Platterbse hochranken können. Wenn geerntet wird, muss man allerdings sehr vorsichtig zwischen die Pflanzen steigen. Außerdem wird der Ertrag weniger groß sein als im vorigen Garten. Allerdings fand jeder das bunte Beet am schönsten!

Marloes löst die Topfballen der Rotkohlpflänzchen vorsichtig voneinander.

Darlisha bringt einen Kasten mit Jungpflanzen zum Beet.

Marloes

Darlisha

Die Mädchen entscheiden sich für Gemüsesorten, die gut schmecken und gut aussehen, wie Rotkohl und Feuerbohnen mit weißen Blüten. Darlisha hat in einer Saatschale auch Blumen und Kräuter ausgesät, wie Fingerhut (giftig übrigens!), Borretsch, Sonnenblumen und Dill. Marloes hat im Gartencenter Rotkohlpflänzchen ausgewählt. Alle Pflänzchen werden bis Mitte Mai zunächst noch im Topf am Boden gepflegt, dann können Marloes und Darlisha sie gleichmäßig auf dem Beet verteilen, einpflanzen und gleich angießen. Zunächst werden Sie noch Unkraut jäten müssen, aber schon bald ist das kleine Beet bewachsen und alles sieht wunderschön aus.

Überlegen, was alles im Gemüsegarten gepflanzt werden soll.

Graugrüner Brokkoli macht sich im lila Topf farblich sehr schön.

Bodine und Alec

Für Bodine und Alec wurde eine Garten im Kübel angelegt. Das ist die kleinste Gartenform, weshalb die Kinder eine Pflanzenwahl treffen müssen. Alec mag gerne Sonnenblumen und Kürbisse. Bodine möchte aber gerne Erdbeeren und Stachelbeeren.

Kindergemüsegarten

Das Ergebnis im Juli

- **Die Kübel stehen auf der Terrasse**, damit die Kinder gut herankommen können. Die Kübel selbst sind aus Holz gefertigt und haben einen bunten Anstrich bekommen (siehe Seite 43). Die sechs kleinen Kübel messen 50 × 50 cm, der große Kübel ist 50 × 130 cm groß.
Im Frühjahr werden die Kübel mit frischem Substrat oder gedüngter Gartenerde gefüllt. Man kann direkt darin aussäen, aber auch im Haus vorgezogene Pflanzen dürfen ab Mitte Mai in die Kübel ausgepflanzt werden.

Ganz hinten steht ein Kübel mit niedrigen Sonnenblumen, im Kübel davor eine Hochstamm-Stachelbeere, und daneben hat Bodine Mais und Brokkoli gepflanzt. Im großen Kübel bietet eine Kletterhilfe den Bohnen und der Platterbse Halt; außerdem ist noch Platz für Rote Bete, Salat und Mangold. Vorne stehen weitere zwei Kübel, links wächst ein Kürbis und rechts Monatserdbeeren. Dem Kürbis gefällt es in dem Kübel recht gut, und er macht lange Triebe, welche die anderen Kübel erreichen. Am Ende des Sommers werden die Triebe sogar in die Hecke geklettert sein. Alec kann nun drei kleine orange Kürbisse ernten.

in Kübel

Alec gießt den Kürbis gleich nach dem Pflanzen.

Ein blauer Kübel mit jeder Menge Erdbeeren.

Erntefest

Im August kann im Kindergemüsegarten nach Herzenslust geerntet werden. Alles wird eingesammelt, und um die gute Ernte zu feiern, veranstalten wir ein Erntefest im Garten. Die Kinder und ihre Eltern genießen die Mini-Pizza mit Zucchini, Apfelkuchen, Früchtebowle und Brombeer-Himbeer-Eis. Die Rezepte hierfür finden Sie im weiteren Verlauf dieses Buchs.

Aussaat in eine Klopapierrolle

Mais aussäen

Klopapierrollen werden für alle möglichen Bastelprojekte in der Schule verwendet, doch sie eignen sich auch ausgezeichnet zum Aussäen. Das gilt vor allem für große Samen, wie die von Mais und Kürbis. Die Rollen mit frischer Anzuchterde füllen und einen Samen in jede Rolle legen. Es ist praktisch, die Rollen zusammen in einen wasserfesten Behälter zu stellen; man kann die Erde dann anfeuchten, indem man etwas Wasser in den Behälter gibt. Sobald die Sämlinge zwei Blattpaare haben (siehe Seite 98) können sie pikiert werden, was mit einem Pikierstab recht einfach ist. Die jungen Pflänzchen werden dann in einen größeren Topf umgesetzt oder (ab Mitte Mai) direkt ins Freiland.

Selber Samen sammeln

Samen sammeln

Aus einem Samen entsteht eine Pflanze, und wenn die Blüten verwelken, kommen wieder Samen aus der Pflanze. Diese Samen kann man selbst sammeln, damit man im nächsten Jahr wieder neue Pflanzen daraus ziehen kann. Die Samen müssen ganz braun sein und sich trocken anfühlen. Man kann sie in Papiertüten lagern, einem Briefumschlag oder zum Beispiel in Filmröhrchen (dann allerdings Löcher in den Deckel machen). Und nicht vergessen, den Namen zu vermerken. Vor allem einjährige Pflanzen sind leicht auszusäen, wie Ringelblumen, Sonnenblumen, Kosmeen, Borretsch *(Borago)*, Kapuzinerkresse, Platterbsen *(Lathyrus)* und Dill.

Sonnenblumen

Leicht zu ziehen, ein schnellwüchsiges Gewächs und sehr große Blüten: Es macht Spaß, Sonnenblumen *(Helianthus annuus)* anzupflanzen. Die ziemlich großen Samen kann man ab März unter Glas im Töpfchen vorziehen oder im April direkt ins Freiland aussäen. Die Sonnenblumen brauchen einen festen Stock (Stützhilfe), um Halt zu bekommen. In den meisten Gärten sieht man lediglich gelbe Sonnenblumen, aber es gibt auch sehr viele schöne Sorten mit orangen, roten und sogar braunen Blüten. Niedrig wachsende Arten gedeihen auch in einem großen Topf auf der Terrasse. Am Ende des Sommers kann man das große Herz voller Samen einmal auf den Gartentisch legen, um zu sehen, welche Vögel davon angelockt werden.

Aussaat

Bohnen vorkeimen lassen

Da Samen meistens im Boden keimen, kann man nicht sehen, was passiert. Wenn man aber eine Bohne in einem Glas wachsen lässt, sieht man sehr deutlich, wie die Wurzeln und der kleine Stängel zu wachsen beginnen. Dazu braucht man ein ziemlich hohes Glas, in dem eine zusammengefaltete Baumwollserviette liegt. In das Glas gibt man Wasser, damit die Serviette ganz feucht wird. Jetzt werden die Bohnen zwischen Glas und Serviette gesteckt, und das Glas kommt an einen warmen, hellen Ort. Die Serviette darf nicht austrocknen. Schon bald kann man sehen, wie die Bohne anfängt zu wachsen. Wenn der Stängel über den Rand des Glases hinausragt, kann die Bohne im Garten ausgepflanzt werden, um dort weiterzuwachsen.

Topf mit duftenden Kräutern

Ein Topf voller duftender Kräuter

Oft werden lediglich die Blüten einer Pflanze beachtet, aber es gibt auch viele Arten mit schönem Laub, das zudem herrlich duftet. Man reibt die Blätter zwischen den Fingern, damit man den Duft gut riechen kann. Lynn hat selbst angemalte Töpfe mit duftenden Kräutern bepflanzt. Das riecht toll, aber man kann sie auch in der Küche gut gebrauchen. Pflanzen mit einem angenehmen Duft sind beispielsweise Minze, Basilikum, Lavendel, Thymian, Currykraut *(Helichrysum italicum)*, Katzenminze *(Nepeta)* sowie Ananas-Salbei (*Salvia elegans*, der duftet wirklich nach Ananas).

Mini-Garten in einer Weinkiste

Mini-Gemüsegarten in der Kiste

Wenn kein Platz für einen richtigen Gemüsegarten vorhanden ist, kann man auch einen Mini-Garten in einem Topf, Korb oder in einer Kiste anlegen. Oder vielleicht hat man sogar einen Gemüsegarten, findet es aber einfach interessanter, noch einen Mini-Gemüsegarten anzulegen. Dabei ist darauf zu achten, dass das Wasser gut ablaufen kann durch die Löcher, die im Gefäßboden angebracht werden. Die Kiste oder den Korb mit frischer Blumenerde füllen und die Pflänzchen verteilen. Der Mini-Garten braucht einen sonnigen Platz, und die Erde darf niemals austrocknen. In dieser Weinkiste stehen Pflanzen für einen leckeren Salat aus: Kopfsalat, Schnittlauch, Petersilie und Tomaten. Man kann es auch versuchen mit Radieschen, Pariser Karotten, Mangold und Erdbeeren.

Bram macht Ableger vom Fleißigen Lieschen.

Ableger machen

Im Blumengarten wird immer viel gesät, aber manche Pflanzen kann man auch aus Ablegern ziehen. Dazu wird im Sommer ein Stängel oder Zweig der Pflanze abgeschnitten, an dem keine Blüten sind. Dann werden fast alle Blätter entfernt, nur die oberen Blätter bleiben am Ableger. Man kann die Ableger in Bewurzelungspulver tauchen und dann in einen Topf mit Aussaat- und Stecklingserde setzen, aber manche Pflanzen treiben auch Wurzeln, wenn man den Stängel ins Wasser stellt. Pflanzen, aus denen leicht Ableger gemacht werden können, sind zum Beispiel das Fleißige Lieschen *(Impatiens)*, Lavendel, Nelken, Chrysanthemen, Rittersporn und Beerensträucher. Erdbeeren machen selber Ableger: Die neuen Pflänzchen befinden sich an langen Trieben. Man kann sie in Töpfen oder einem gesonderten Beet weiterziehen.

Stecken & Pflanzen

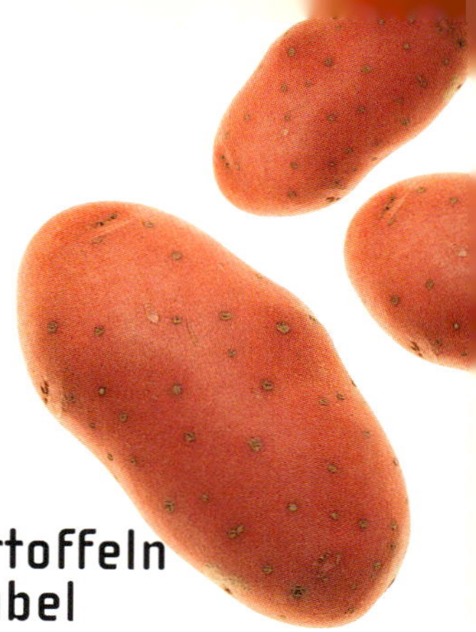

Kartoffeln im Kübel

Für ein Feld voller Kartoffeln reicht meistens der Platz nicht, aber man kann auch eine Kartoffelmahlzeit in einem großen Topf oder Kübel ziehen. Dazu werden die Kartoffeln Ende März zunächst an einen warmen Platz in eine Schicht feuchter Erde gelegt, um sie vorkeimen zu lassen. Schon bald werden sich die ersten Stängel bilden. Dann wird ein großer Topf oder ein Trog zu etwas mehr als der Hälfte mit Substrat gefüllt und die Kartoffeln vorsichtig hineingelegt (etwa vier oder fünf Kartoffeln in einen Trog oder 12 bis 15 Liter Substrat pro Pflanze). Danach wird eine etwa 5 cm dicke Schicht Substrat aufgefüllt. Wenn die Pflanzen sich gut entwickelt haben, wird nochmals eine Schicht mit Erde aufgefüllt und später wiederholt. Man kann die Kartoffeln ernten, wenn das Laub vergilbt: Dazu wird der Topf einfach umgedreht.

Vogelscheuche

Eine Vogelscheuche hat die Aufgabe, Vögel vom Gemüsegarten fernzuhalten. Tauben zum Beispiel naschen gerne junge Pflänzchen. Meistens gewöhnen sich die Vögel nach einiger Zeit an die Vogelscheuche und kommen trotzdem wieder, aber eine Vogelscheuche sieht einfach hübsch aus und kann im Garten ein echter Blickfang sein. Man kann selber eine Vogelscheuche aus alten Kleidern machen, die mit Stroh ausgestopft werden. Mit einem alten Hut, Lappen, Federn, Kork oder Bindfaden wird die Vogelscheuche noch schöner. Dann brauchen Sie noch einen festen Stock, um die Puppe daran zu befestigen.

Vogelscheuche

Basteln & Malen

Töpfe bemalen

Man kann Terrakotta- und Plastiktöpfe mit Acrylfarbe bemalen, die mit einer PVA-Emulsion vermischt wurde (ein Teil PVA-Emulsion auf zwei Teile Farbe). Die Farbe kann mit ein wenig Wasser verdünnt werden. Zunächst muss der Topf gut gereinigt werden und trocken sein, bevor man anfängt. Man kann den Topf in einer Farbe anmalen, dann trocknen lassen und danach mit einer anderen Farbe ein Muster darauf malen. Dann wird der bunte Topf mit Gemüse oder Kräutern bepflanzt (siehe Seite 38) oder mit schönen Blumen. Das ist auch ein hübsches Geschenk! Große bemalte Kieselsteine kann man in den Garten legen oder zur selbst gesäten Sonnenblume.

Pflanzenschilder

Die meisten Pflanzenschilder, die man kaufen kann, sind nicht so hübsch. Es macht auch viel mehr Spaß, selber Namensschilder für die Pflanzen zu basteln. Dazu können Sie zum Beispiel Kochlöffel, Stäbchen mit Wäscheklammern oder alte Holzlatten verwenden. Sehr praktisch sind auch die Rührstäbchen aus Holz, die man im Farbgeschäft kaufen kann. Die Schilder werden mit Holzfarbe angemalt, zum Beispiel Beize auf Wasserbasis. Einen lustigen Effekt erhält man auch mit bunten Bohnenstangen im Gemüsegarten (siehe Seite 143). Die Stangen werden mit Holzfarbe angemalt und zu einem großen Wigwam in unterschiedlichen Farben zusammengestellt.

Steine bemalen

Pflanzenschilder basteln

Emoties onder controle?
TUINKERS
sla

Gemüsegarten-Tagebuch

Im Gemüsegarten ist in einem Jahr so viel los, dass man sich nicht alles für die nächste Saison merken kann. Deshalb ist es eine gute Idee, ein Tagebuch anzulegen. Was wurde alles gezogen, wann hat man angefangen mit der Aussaat und wie lange dauerte es bis zur Ernte? Wie hoch ist die Sonnenblume geworden, und wie viele Zucchini hat eine Pflanze getragen? Welches Gemüse schmeckte am besten, und welche Pflanzen dufteten am besten? Fertigen Sie einen Grundriss des Gemüsegartens an, auf dem man die Gemüsesorten einzeichnen kann; auf diese Weise kennt man für das nächste Jahr den besten Standort für die Pflanzen (siehe Seite 136). Das Tagebuch wird noch schöner mit Zeichnungen und kleinen Geschichten.

Basteln

Holzkübel

Für einen Gemüsegarten in Töpfen sind große Kübel notwendig, wie die auf Seite 32. Diese Holzkübel aus imprägnierten Holzlatten sind sehr einfach selbst herzustellen. Die Wände der Kübel sind leicht angeschrägt, das ergibt einen schönen Effekt. Die Latten werden maßgerecht zugeschnitten oder beim Holzhändler gekauft und dann an die viereckigen Balken in den Ecken angeschraubt. Diese kleinen Balken ragen an der Unterseite etwas vor, so dass der Kübel auf vier Füßen steht. Der Boden besteht ebenfalls aus Latten, zwischen denen eine Lücke gelassen werden sollte, damit das Wasser gut ablaufen kann. Dann wird der Kübel mit einem Antiwurzeltuch ausgekleidet und die Wände an der Oberseite mit auf Gehrung gesägten Latten abgedeckt. Unter dem großen Kübel sind Schwenkräder angebracht, damit er leicht zu bewegen ist. Das Holz kann mit einer Beize auf Wasserbasis bunt angemalt werden. Für ein Beetsystem, zu sehen auf Seite 28, werden an den Ecken des Beets feste Holzpflöcke in den Boden geschlagen. Es empfiehlt sich, die Löcher zuerst mit einem Bohrer vorzubereiten (auch mietbar). Die maßgerecht geschnittenen und bemalten Bretter aus Holz kann man dann an den Pflöcken festschrauben; es können aber auch Eckstützen aus Metall verwendet werden.

Schablone zum Aussäen

Celeste beschnuppert Dill

Schablonen

Kleine Salatgewächse, wie Gartenkresse und Senfkraut, können sehr schön in Mustern ausgesät werden. Diese Pflanzen wachsen schnell, also sieht man schon bald ein Ergebnis. Man kann die Buchstaben eines Namens aussäen, oder man zaubert mithilfe einer Schablone einen Löwen oder eine Katze. Für die Schablonen kann man Sperrholz verwenden, aus dem mit einer Laubsäge die Tierfiguren ausgesägt werden. Die Schablonen bekommen danach noch ein wenig Farbe. Auf diese Weise können auch Tierfiguren auf Holzkübel, einem Zaun oder einer Mauer angebracht werden.

Beschreibung der Gemüse

Salat

Blatt- und Stielgemüse

Roter Kopfsalat
'Wunder der vier Jahreszeiten'

Salat *(Lactuca sativa)* Jeder kennt den bekannten Kopfsalat und Eissalat, aber es gibt auch Pflücksalat, Schnittsalat, Bindesalat oder Römischer Salat, Eichblattsalat oder Kraussalat und Feldsalat. Sie werden unterschieden in vier Gruppen: Pflück- und Schnittsalat (mit einem dicken Stängel), Spargelsalat (lockere Blattrosette), Bindesalat (länglicher, aufrechter Kopf) und Kopfsalat (runder Kopf).

Eissalat

Kopfsalat oder Buttersalat hat weiche Blätter und selbst angebaut ist dieser Salat noch zarter als der aus dem Laden. Eissalat ist auch ein Kopfsalat, hat knackige Blätter, und die schweren Köpfe sind gut haltbar. Bei Pflück- und Schnittsalat werden meistens lose Blätter geerntet. Man sollte sich für eine Sorte entscheiden, die zur Gartensaison passt. Salat ist ein Gemüse mit dekorativen Blättern und eignet sich deshalb gut für Töpfe im Ziergarten. Feldsalat *(Valerianella locusta)* ist auch bekannt als Rapunzelsalat und hat im Grunde genommen nichts mit den oben genannten Salaten zu tun. Die glatten, löffelförmigen Blätter werden allerdings, genau wie die anderen Salate, roh gegessen.

Eichblattsalat 'Royal Oak Leaf'

Tipps zur Anzucht

Salat ist eine einjährige Pflanze die sehr einfach anzubauen ist und auch gut in Töpfen und Kübel gedeiht. Jeder Boden ist geeignet, solange er ausreichend feucht ist. Volle Sonne oder Halbschatten sind optimal. Für den frühen und späten Anbau sind Plastikhauben (siehe Seite 141) oder ein Frühbeet zu empfehlen, so dass bereits Mitte Februar ausgesät werden kann. Wenn die Bodentemperatur über 20 °C liegt, keimt der Samen nur schwer. Gleich nach der Aussaat gut anfeuchten und mit einer nassen Zeitung oder einem Jutesack abdecken. Im Freiland wird in Reihen ausgesät. Wenn die Pflänzchen sich zeigen, wird vereinzelt. Sie sollten immer kräftig gießen (morgens), aber nur mäßig düngen. Wenn alle zwei Wochen ausgesät wird, kann man den ganzen Sommer über frischen Salat ernten. Schnecken und Läuse können Probleme verursachen. Feldsalat ist frosthart und kann gut in der Vor- oder Nachsaison kultiviert werden.

Ernten

Kopfsalat und Eissalat werden geerntet, wenn das Herz des Kopfs sich fest anfühlt. Der Kopf wird unmittelbar über der Wurzel abgeschnitten. Bei Pflücksalat werden immer einige Blätter gepflückt, was auch bei Eissalat möglich ist. Schnittsalat können Sie ernten, wenn die Blätter 10 cm groß sind. Bei Spargelsalat geht es um die saftigen Stängel (2 bis 3 cm dick), die gekocht gegessen werden. Bei Bindesalat können die Köpfe zusammengebunden werden, um zarte Herzblätter zu bekommen. In Salat sind Mineralien, wie Kalzium und Eisen, enthalten, außerdem die Vitamine B1, B2, B6 und Karotin.

Empfohlene Sorten

- Kopfsalat 'Maikönigin' (früh)
- Kopfsalat 'Dynamite' (resistent gegen grüne Salatblattlaus)
- Kopfsalat 'Sanguine Ameliore' (Grün mit Rot)
- Roter Kopfsalat 'Wunder der vier Jahreszeiten' (alle Kulturen)
- Mini-Kopfsalat 'Tom Thumb' (frühe Kultur, auch in Töpfen)
- Eissalat 'Fortunas' (frühe und Sommerkultur)
- Mini-Eissalat 'Mini Green' (auch in Töpfen)
- Pflücksalat 'Amerikanischer Brauner'
- Roter Pflücksalat 'Lollo Rossa Assor'
- Eichblattsalat 'Salad Bowl' und roter 'Red Salad Bowl' (frühe oder späte Kultur)
- Bindesalat 'Green Cos' (Sommerkultur)
- Roter Bindesalat 'Apache', 'Red Cos'
- Mini-Romanasalat 'Little Gem'
- Spargelsalat 'Holländischer Breitblättriger'
- Feldsalat 'Grote Noord-Hollandse'

Kulinarisches

Die inneren, festen Blätter des Kopfsalats zum Dippen. Bindesalat mit jungen Erbsen und Frühlingszwiebeln in Butter dünsten. Bereiten Sie einen Rohkostsalat aus unterschiedlichen Salatsorten, Sprossen, Kirschtomaten, Gartenkräutern und Blauschimmelkäse.

Praktisches

- **Aussaat** Kopfsalat im März (Frühbeet), April bis Mitte August (Freiland), Eissalat bis Ende Juli. Feldsalat März oder Mitte August bis Mitte September.
- **Pflanzabstand** 25 cm, Eissalat 30 bis 40 cm, Feldsalat 10 bis 15 cm
- **Kulturdauer** 60 bis 80 Tage, Schnitt- und Pflücksalat 25 Tage, Feldsalat 25 Tage
- **Mischkultur** Gruppe A (siehe für die unterschiedlichen Gruppen die Erläuterungen auf S. 136)
- **Vorkultur** Erbsen, Bohnen, Kohlrabi
- **Kombinieren** mit Rüben, Bohnen, Knollenfenchel, Kohl, Zwiebeln
- **Nachkultur** Bohnen, Brokkoli, Zucchini, Lauch, Rosenkohl
- **Erntezeit** Mai bis Oktober

Bindesalat 'Green Cos'

Jungpflanze des Eichblattsalats

Bindesalat 'Red Cos'

Salatpflanzen

Blatt- und Stielgemüse

Salatpflanzen

Es gibt eine Fülle von Blattgemüse und Kräutern, die roh unter den Salat gemischt werden können. Die könnte man Salatpflanzen nennen. Die Blätter haben einen typischen Geschmack und geben jedem Salat eine besondere Note. Auf den folgenden Seiten werden wir Ihnen diese Pflanzen vorstellen.

Gartenkresse oder Pfefferkraut *(Lepidium sativum)* ist das einfachste Gemüse, das es gibt – es wächst sogar auf etwas feuchter Watte. Die Blätter schmecken würzig. Junge Senfpflanzen *(Sinapis alba* ssp. *alba)* sehen ähnlich aus wie Gartenkresse und werden auf dieselbe Weise gezogen. Brunnenkresse (*Nasturtium officinale*) ist ein sehr frisches Kraut. Sowohl die Stängel als auch die Blätter haben einen herrlichen, leicht scharfen Geschmack. *Perilla frutescens* wird auch Schwarznessel genannt. Die dunklen violetten Blätter haben einen zarten, kümmelähnlichen Geschmack, der gut in die japanische Küche passt.

Rucola *(Eruca sativa)* ist wegen des nussigen Geschmacks ein sehr beliebtes Blattgemüse. Die meisten Sämereien bieten auch Samenmischungen an, in denen unterschiedliche Sorten enthalten sind, wie die bekannte „Misticanza" aus Italien. Wer noch mehr frisches Grün unter den Salat mischen möchte, sollte die jungen Blätter von Mangold, die unterschiedlichen Kohlsorten, wie den Krauskohl *(Brassica)*, Löwenzahn *(Taraxacum officinale)*, Blut-Ampfer *(Rumex)*, Kapuzinerkresse *(Tropaeolum)*, Gänsefuß *(Chenopodium)*, Erdbeerspinat *(Chenopodium foliosum* oder *Blitum virgatum)*, Garten-Melde *(Atriplex hortensis)* und asiatische Gemüsesorten, wie der würzige, dunkelblättrige Blattsenf 'Osaka Purple' und Senfspinat 'Komatsuna', ausprobieren.

VON LINKS NACH RECHTS
- Gartenkresse in einer Schablone aussäen
- *Perilla* ernten
- Gartenkresse ernten
- Salatsmischung 'Misticanza'

Tipps zur Anzucht

Gartenkresse und Senfkraut können im Freiland von März bis September breitwürfig oder in Reihen gesät werden, z. B. zwischen Möhren oder Radieschen. Lustig ist auch, sie in einer Schablone oder in den Buchstaben eines Namens auszusäen. Ebenso ist die Aussaat in Töpfchen möglich. Im Haus auf der Fensterbank sogar das ganze Jahr über. Man sollte eine Mischung aus Topferde und scharfem Sand verwenden oder auch Küchenpapier. Auch anderes Salatgemüse kann von März bis September ausgesät werden. Man kann Brunnenkresse von März bis Juli in einem Topf aussäen, der auf eine Untertasse mit Wasser gestellt wird. Ableger lassen sich ebenfalls schneiden: An einem Zweig in einem Wasserglas bilden sich bald Wurzeln. Für alle Sorten gilt: Säen Sie regelmäßig (etwa alle zwei Wochen), damit Sie immer frische Blätter ernten können. Ein kühler Platz ist im Sommer wichtig.

Ernten

Gartenkresse wird geschnitten, wenn die Blätter etwa 5 cm groß sind, aber auch die Blätter von großen Pflanzen können abgeerntet werden. Brunnenkresse wird meistens roh gegessen, schmeckt aber auch hervorragend in Suppen. Man kann die Stängel ernten, wenn sie 15 bis 20 cm lang sind; die Pflanze wächst einfach weiter. Für alle Sorten gilt, dass die jungen Blätter am besten schmecken und unmittelbar vor der Verwendung geerntet werden sollten.

Das Keimen von Samen ist eine sehr schnelle Art der „Gemüsekultur". Bei manchen Sorten können bereits nach wenigen Tagen die ersten Keimsprossen geerntet werden, das Gewicht der Samen vermag innerhalb kurzer Zeit bis auf das Zehnfache anzusteigen. Keimlinge oder Sprossen sind leicht zu ziehen, sehr gesund und außerdem wohlschmeckend. Indem man die Samen anfeuchtet und an einen warmen Platz stellt, fangen sie an zu sprießen. Für die ersten Tage enthalten die Samen selbst ausreichend Nährstoffe. Wenn sie sich jedoch zu ausgewachsenen Pflanzen entwickeln sollen, müssen sie natürlich in die Erde gesetzt werden. Die Keimlinge enthalten viele Vitamine, Mineralien und Eiweiße und sind daher sehr nahrhaft.

Luzerne (Alfalfa) auf Küchenpapier

Verschiedene Keimlinge

Es gibt sehr viele unterschiedliche Samen, die für Sprossen geeignet sind. Die bekanntesten sind Mungobohne und Luzerne (Alfalfa), aber man kann es auch mal mit Brokkoli, Radieschen, Meerrettich, Lauch, Rotkohl, Klee, Mais, Weizen und Bockshornklee versuchen. Auch die Kerne von Sonnenblumen und Kürbissen kann man keimen lassen oder Bohnen, wie Sojabohnen und Azukibohnen. Kaufen Sie hierfür die Samen am besten in biologischer Qualität. Sie können aber auch selber Samen ernten, was zum Beispiel sehr gut möglich ist bei Radieschen, wenn Sie einige Pflanzen blühen lassen.

Praktische Stapelschalen mit Radieschen- und Rotkohlsamen

Ein Glas mit Keimlingen

Tipps zur Anzucht

Keimlinge können das ganze Jahr über im Haus gezogen werden, zum Beispiel auf einer warmen Fensterbank. Die Temperatur sollte zwischen 13 und 21 °C liegen. Es gibt unterschiedliche Methoden, um Samen keimen zu lassen. Die Samen brauchen in jedem Fall Feuchtigkeit und Wärme, größere Samen müssen erst eine Nacht in Wasser eingeweicht werden. Es sind praktische Stapelschalen im Handel erhältlich; sie haben einen perforierten Boden, damit das Wasser ablaufen kann. Die Samen keimen auch in einem Glas (beim Spülen ein Sieb verwenden), oder zum Beispiel in einem Plastikbehälter mit perforiertem Boden. Bei beiden Methoden ist es sehr wichtig, dass die Keimlinge täglich zweimal gründlich mit kaltem Wasser gespült werden, und dass man immer saubere Schalen oder Töpfe verwendet. Stellt man die Keimlinge an einen dunklen Platz, so bleiben sie blass, im Licht werden Sie grün. Sie können die Samen auch in einer Schale mit einer Schicht aus feuchtem Küchenpapier keimen lassen. Um immer frische Sprossen zu haben, sollten Sie regelmäßig einige Samen zum Keimen bringen.

Ernten

Meistens werden die Keimsprossen gegessen, wenn sie eineinhalb bis zweieinhalb Zentimeter lang sind. Sie können im Kühlschrank einige Tage aufbewahrt werden, ohne dass sie weiter wachsen, müssen aber jeden Tag gespült werden. Wenn die Keimlinge zu groß werden, verlieren sie an Geschmack und Nährwert. Rechtzeitig zu ernten ist also sehr wichtig. Gekeimte Bohnen werden am besten sofort gegessen; die Aufbewahrung ist wegen Zunahme der Bakterien nicht empfehlenswert. Man sollte täglich nicht mehr als 500 g essen (das ist sehr viel!).

Kulinarisches

Sprossen roh oder gekocht in Salaten, aber auch in Suppen, Omeletts und asiatischen Gerichten. Oder man isst sie auf Brot in Kombination mit Butterkäse und Tomaten.

Spezielle Keimschalen für Sprossen

Luzerne (Alfalfa)
Weizen
Radieschen
Keimlinge
Blatt- und Stielgemüse
Mungobohnen
Klee
Sonnenblumen

Spinat

Endivie *(Cichorium endivia)* Die Endivie ist ein sehr bekanntes, leicht bitter schmeckendes, einjähriges Blattgemüse, das verwandt ist mit dem Chicorée. Die herkömmliche Endivie hat breite, relativ glatte Blätter in einem lockeren Kopf, bei Krauser Endivie (Frisée) sind die Blattränder stark gekraust. Verwandte Gemüsearten sind Zuckerhut (Fleischkraut) und Radicchio (Salat-Zichorie; *Cichorium intybus* var. *foliosum*).

Tipps zur Anzucht

Endivie wird oft als Herbst- und Wintergemüse kultiviert, da die Pflanzen die Kälte gut vertragen (bis –5 °C). Endivie wird in ein Saatbeet oder ins Freiland in Reihen ausgesät. Man zieht blasse, zarte Endivie mit einem weniger bitteren Geschmack, indem die Köpfe bei trockener Witterung mit einer Schnur zusammengebunden werden, wenn die Pflanzen 60 bis 80 Tage alt sind. Oder man stülpt ein Terrakotta-Gefäß über das Herz des Kopfs. Die Aussaat erfolgt in gut gelockerte, humose Erde, die mäßig gedüngt ist. Sie sollte nie austrocknen. Radicchio kann Anfang April ausgesät werden, Grüne Zichorie ab Mai bis Mitte Juli. Radicchio kann wie Chicorée gezogen werden. Schnecken und Blattläuse können Probleme bereiten.

Krause Endivie und Glatte Endivie in einem Hochbeet

Endivie

Blatt- und Stielgemüse

Radicchio

Empfohlene Sorten

- Endivie 'Nummer Vijf 2' (Frühlings-und Sommerkultur)
- Endivie 'Breedblad Vollhart Winter' (Herbstkultur)
- Krause Endivie 'Stomie' (Sommer- bis Herbstkultur)
- Krause Endivie 'Midori' (Herbstkultur)
- Zuckerhut 'Pluto'
- Radicchio 'Indigo'

Kulinarisches

Die inneren grüngelben Blätter der Endivie für einen Salat mit Apfel, Bleichsellerie und einer Jogurtsauce. Gestampft mit Kartoffeln und würzigen Käsewürfeln. Grüne Zichorie z.B. dünsten. Radicchio verfeinert Salate.

Ernten

Bei der Endivie ist der ganze Kopf zu ernten, man kann für einen Salat aber auch nur einige Blätter pflücken. Die Ernte sollte immer unmittelbar vor der Verwendung erfolgen, denn die Köpfe können lange im Garten stehen bleiben, vor allem die ungebleichte Endivie. Endivie kann gekocht oder roh gegessen werden. Die rohen Blätter werden oft fein geschnitten und mit Kartoffelbrei verrührt. Vor allem die feinere Krause Endivie schmeckt gut in Salaten. Endivie enthält Mineralien, Karotin, Vitamin B und C. Bei Radicchio wird nur der kleine runde Kopf im Inneren der Pflanze verwendet.

Praktisches

- **Aussaat** Juni bis Juli (Herbst-/Winterkultur) oder März (unter Glas)
- **Pflanzabstand** 30 cm
- **Kulturdauer** 60 Tage, kann aber länger stehen bleiben
- **Mischkultur** Gruppe A
- **Vorkultur** frühe Kartoffeln, Erbsen, frühe Sommermöhren
- **Kombinieren** mit Bohnen, Erbsen, Knollenfenchel, Kohl, Lauch und Salat
- **Nachkultur** entfällt meistens
- **Erntezeit** Juni bis Dezember

Spinat

Blatt- und Stielgemüse

Spinat *(Spinacea oleracea)* ist eine sehr beliebte einjährige Gemüseart, die verwandt ist mit Rote Bete, Mangold und Garten-Melde. Die saftigen grünen Blätter werden von Kindern nicht immer gemocht.

Tipps zur Anzucht

Spinat wächst am besten unter kühlen Bedingungen. Es gibt Sorten für die frühe oder späte Kultur. Dieses Gemüse mag lichten Schatten und feuchten, humosen Boden, der sehr kalkhaltig und gut gedüngt ist (Stallmist oder Blutmehl). Die Aussaat erfolgt breitwürfig oder in Reihen ins Freiland. Läuse und Pilze können ein Problem darstellen. Neuseelandspinat *(Tetragonia tetragonioides)* hat größere, dreieckige Blätter, die dick und saftig sind.

Ernten

Spinat wird meistens kurz gekocht oder gedünstet, vor allem die jungen Blätter schmecken auch gut in Salaten. Man kann die ganze Pflanze auf einmal abschneiden oder einzelne Blätter pflücken, dann wachsen immer neue Blätter nach.
Spinat lässt sich ausgezeichnet einfrieren. Er enthält viele Mineralien, wie Phosphor und Eisen, Karotin und Vitamin B sowie viel Vitamin C.

Empfohlene Sorten

- 'Mannopa' (Frühjahr)
- 'Matador' (Frühjahr, Herbst, winterhart)
- 'Spinnaker' (Sommerkultur)
- 'Rico' (ganzjährig)

Praktisches

- **Aussaat** Januar bis August
- **Pflanzabstand** Reihen im Abstand von 25 cm
- **Kulturdauer** 12 Wochen (Winter) oder 4 Wochen (Sommer)
- **Mischkultur** Gruppe A
- **Vorkultur** alle Gemüsesorten, die vor Mitte August geerntet werden
- **Kombinieren** mit Kartoffeln, Erdbeeren, Stangenbohnen, Möhren, Radieschen
- **Nachkultur** Kartoffeln, Knollenfenchel, Kohlsorten
- **Erntezeit** März bis September

Stielmus

Stielmus und Portulak

Zwei weniger bekannte Gemüsearten, von denen die jungen Blätter gegessen werden, sind Stielmus *(Brassica species)* und Portulak *(Portulaca oleracea)*. Stielmus wird roh oder kurz gekocht verzehrt (Blätter und Stiele), meistens in einem Stampfgericht. Er wird ins Freiland ab Februar (unter Hauben) bis April ausgesät und geerntet, wenn die Pflänzchen 10 cm hoch sind. Portulak hat einen frischsauren Geschmack, die jungen Blätter werden kurz gekocht. Die Pflanze gedeiht am besten in relativ feuchter Erde an einem warmen Platz. Die Aussaat erfolgt ab Ende Mai bis August ins Freiland oder ab April unter Glas.

Portulak

Rhabarber

Blatt- und Stielgemüse

Rhabarber *(Rheum rhabarbarum)* Diese robuste Staude hat große, dekorative Blätter und braucht kaum Pflege. Man kann die frischen Stiele einer Pflanze viele Jahre hintereinander ernten.

Verfrühter Rhabarber

Empfohlene Sorten

- 'Frambozen Rood' (rote Stiele)
- 'Holsteiner Blut' (rote Stiele)
- 'Valentine' (dunkelrote Stiele)
- 'Esta', 'Victoria' (grüne Stiele)

Tipps zur Anzucht

Dieses Gemüse sät man besser nicht aus. Sie sollten lieber eine Jungpflanze kaufen. Rhabarber wird im Herbst in relativ saure, humose Erde gepflanzt. Nährstoffarme Erde sollte mit Kompost angereichert werden. Im Winter wird eine Mulchschicht (siehe Seite 133) aus Kuhdünger und Kompost aufgebracht, im zeitigen Frühling wird noch mal nachgedüngt und nach der Ernte ein organischer Dünger gegeben. Fünf Jahre alte Pflanzen können ausgegraben und mit einem scharfen Spaten geteilt werden, wobei jedes Teil zwei sogenannte Nasen (Vegetationspunkte) haben muss. Diese Staude gedeiht auch gut in einem großen Kübel. Im Sommer werden die Blütenknospen entfernt. Ein vollsonniger Standort ist ausgezeichnet, aber lichter Schatten wird auch gut vertragen. Rhabarber ist sehr robust.

Ernten

Junge, im Frühjahr gewachsene Stiele schmecken am besten, sie haben einen typischen sauren Geschmack. Im ersten Jahr nach der Pflanzung sollte noch nicht geerntet werden, im zweiten Jahr lediglich einige Stiele und im dritten Jahr kann man richtig mit dem Ernten loslegen. Rhabarber lässt sich gut einfrieren. Er enthält Mineralien, wie Kalzium, Eisen und Kalium, und außerdem Vitamin B und C. Mit einer drehenden Bewegung erntet man von jeder Pflanze einige Stiele, spätestens bis 24. Juni. Das Blatt wird sofort abgeschnitten, es ist nicht essbar (sogar giftig). Rhabarber eignet sich gut zum Verfrühen der Ernte Anfang Februar bis Mitte März. Man kann ab Mitte Januar die Pflanzen zum Beispiel mit einer Plastiktonne oder einem Terrakotta-Topf abdecken. Die Tonne wird von außen mit Stroh, Schilf oder einer alten Decke eingewickelt. Dieselbe Pflanze sollte jedoch nicht zwei Jahre hintereinander verfrüht werden.

Rhabarber im Sommer

Kulinarisches

Als Kompott, Konfitüre und Gelee: Die Stiele in wenig Wasser kochen und Zucker beimengen . Rhabarbersaft aus fünf Kilo Rhabarber, einem Liter Wasser und zwei Kilo Zucker: kochen und dann abseihen. Rhabarberdessert mit gegartem Rhabarber (Ofen) auf Zwieback, darüber eine Eigelb-Sahnemischung, bestreut mit Haselnüssen.

Praktisches

- **Pflanzzeit** Pflanzen im Herbst
- **Pflanzabstand** 90 × 90 cm
- **Kulturdauer** Staude, mehrere Jahre
- **Erntezeit** Februar bis März (verfrüht), April bis Ende Juni (24.)

Mangold *(Beta vulgaris* ssp. *cicla*, var. *cicla*, var. *flavescens)* Dieses aus der Mode gekommene Gemüse wird nicht mehr so oft kultiviert, aber die bunten Blattstiele sind sehr dekorativ im Gemüsegarten. Mangold wird meistens einjährig angebaut.

Mangold

Blatt- und Stielgemüse

Tipps zur Anzucht

Die Samen keimen leicht, wenn man sie eine Nacht vorher einweicht. Wer junge Blätter essen möchte, sollte Mangold im Freiland ziemlich dick in Reihen im Abstand von 15 bis 20 cm voneinander aussäen oder dünn in Reihen im Abstand von 5 cm. Wenn es um die Stiele geht, sollten die Pflanzen 30 bis 40 cm auseinanderstehen. Man kann sie auch in Töpfchen aussäen. Humoser, fruchtbarer, nicht zu trockener Boden ist Voraussetzung für eine gute Ernte. Mangold gedeiht auch in einem großen Topf. Eine Mischung aus Pflanzen mit unterschiedlich gefärbtem Stiel ist sehr dekorativ.

Ernten

Die frischen jungen Blätter können wie Spinat gegessen werden – der Geschmack ist etwas bitterer. Sie werden geschnitten, wenn sie 10 bis 15 cm hoch sind; die Pflanzen treiben erneut aus, wenn Sie nicht zu tief schneiden. Die Stiele und Blattnerven älterer Pflanzen können wie Spargel gekocht werden, vor allem die weißen Sorten. Man sollte die äußeren Stielel regelmäßig abernten. Mangold ist relativ gut frostbeständig und kann deswegen lange geerntet werden. Dieses Gemüse enthält Mineralien, wie Kalzium, Eisen und Vitamin B (auch B6) und C.

Empfohlene Sorten

- 'Rhubarb Chard' (rote Stiele, dunkle Blätter)
- 'Italian', 'Lukullus' (weiße Stiele)
- 'Bright Yellow' (gelbe Stiele)
- 'Bright Lights' (Mischung)
- 'Vulcan' (rote Stiele)

Praktisches

- **Aussaat** März bis April, zweite Aussaat im Juli
- **Pflanzabstand** 15 bis 20 cm (Ernte der Blätter), 30 bis 40 cm (Ernte der Stiele)
- **Kulturdauer** 50 Tage (Blätter), 80 Tage (Stiele)
- **Mischkultur** Gruppe A
- **Vorkultur** Erbsen und Bohnen
- **Kombinieren** mit Buschbohnen, Kohl, Möhren, Radieschen
- **Nachkultur** viele Gemüse (nach Stickstoffdüngung)
- **Erntezeit** Mai bis Winter

Kulinarisches

Mangoldsalat aus jungen Blättern mit pochierten Eiern, Knoblauch und einem Öl-Essig-Dressing. Mit Zwiebeln, Champignons und Schinken gefüllte Mangoldblätter, zusammen mit kurz gekochten Mangoldstielen in einer Kräuterbutter-Sauce.

Geröstete Kürbiskerne

100 g Kürbiskerne
2 Teelöffel Curry
1 Teelöffel Salz

Eine Bratpfanne vorsichtig bei hoher Hitze erwärmen. Die Kerne in die Pfanne geben und regelmäßig umrühren. Sobald die Kerne aufplatzen, können sie aus der Pfanne genommen werden. Mit Curry und Salz würzen. Man kann die erkalteten Kerne gleich so essen, sie schmecken auch sehr gut in Salaten oder zu asiatischen Gerichten.

Gemischter Salat

75 g Rucola
75 g Feldsalat
1/2 Schlangengurke
6 kleine Tomaten
geröstete Kürbiskerne
verschiedene essbare Blätter und Blüten
(siehe Seite 122 bis 123)

Für das Dressing

3 Esslöffel Olivenöl
1 Esslöffel Balsamico-Essig
1 Teelöffel Senf
1 Teelöffel Honig
Pfeffer und Salz
eine Handvoll Basilikum

Den Salat waschen, die Gurke schälen und in Scheiben schneiden. Die Tomaten waschen und vierteln. Das Gemüse und die Kerne vermischen und das Dressing darübergeben. Mit essbaren Blüten garnieren.

1 saurer Apfel
2 Möhren
1/2 Schlangengurke
Saft einer halben Zitrone
1/2 l Buttermilch

Den Apfel, die Möhren und die Gurke schälen und alles fein raspeln. Das Geraspelte und den Zitronensaft mit der Buttermilch vermischen und eine halbe Stunde kühl stellen. Das Getränk mit einer Apfel-, Gurken-, und Möhrenscheibe garnieren. Die Buttermilch kann etwas gesüßt werden, indem man einen Esslöffel Zucker zufügt oder mit Orangensaft mischt.

Apfel-Möhren-Drink

Die Kürbiskerne in einer trockenen Bratpfanne hellbraun rösten. Den frischen Basilikum und den Koriander waschen. Den Parmesankäse grob raspeln. Den Knoblauch schälen und zusammen mit dem Salz, den Kürbiskernen, den Basilikumblättern und dem Koriander in eine Küchenmaschine geben. Einen Esslöffel Öl zufügen und das Ganze zu einer Paste vermahlen. Den Parmesankäse zufügen und langsam das übrige Olivenöl untermengen. Das Pesto mit Pfeffer, Salz, Balsamico und Zitronensaft abschmecken. Lecker auf geröstetem Baguette oder als Dip.

30 g Kürbiskerne
25 g Basilikumblätter
30 g Koriander
35 g Parmesankäse
1 Knoblauchzehe
1/2 Teelöffel Salz
70 ml Olivenöl
Pfeffer und Salz
1 Teelöffel Balsamico-Essig
1 Teelöffel Zitronensaft

Koriander-Basilikum-Pesto

Wurzelgemüse

Möhren

Wurzelgemüse

Gelbe Möhre 'Yellowstone'

Violette Möhre 'Violette'

Möhren *(Daucus carota* ssp. *sativus)* Die orange, dicke „Wurzel" der Möhre hat einen sehr angenehmen Geschmack und wird von vielen Menschen sehr gemocht. Frisch aus dem Garten geerntet haben die Möhren einen viel besseren Geschmack als die aus dem Supermarkt, also lohnt sich die eigene Kultur auf jeden Fall. Für Pflanzenliebhaber sind auch Samen von gelben, weißen, roten oder dunkelvioletten Möhren erhältlich. Möhren werden einjährig kultiviert; es wird unterschieden zwischen frühen Bundmöhren, Sommermöhren (Waschmöhren), runden Möhren (Pariser Karotte) und den erheblich größeren Wintermöhren (Lagermöhren). Das fein gefiederte Laub wirkt im Gemüsegarten sehr dekorativ.

Tipps zur Anzucht

Möhren gedeihen am besten in lockerem, fruchtbarem, leicht kalkhaltigem Boden an einem sonnigen Platz. Ein Hochbeet ist sehr praktisch. Runde Möhren vertragen auch einen etwas festeren Boden oder können in Kästen kultiviert werden. Die Möhren brauchen eine leichte Düngung (organischer Dünger mit viel Kalium); die Sämlinge reagieren allerdings empfindlich auf frisch gedüngte Böden, den Dünger daher bereits einen Monat vor der Aussaat geben. Man sät die Möhren in Reihen, und zwar so dünn wie möglich, damit die Pflanzen nicht vereinzelt werden müssen. Es gibt auch pilliertes Saatgut, das leicht zu verteilen ist, sowie Samenbänder. Die Samen kommen einen

Zentimeter tief in den Boden, achten Sie darauf, dass sich keine „Kruste“ auf der Erde bildet, bis die Sämlinge aufgegangen sind. Wenn die Köpfe der Möhren aus dem Boden ragen, färben sie sich grün – man bringt dann noch etwas Erde auf. Die Möhrenfliege ist oft ein Problem. Die Fliegen werden vom Duft des Möhrenlaubs angezogen, legen ihre Eier ab und die Maden fressen daraufhin Gänge in die Möhren. Man sollte daher versuchen, das Laub nicht zu knicken. Man kann auch ein Vlies oder ein Netz anbringen. Bei frühen Kulturen können Möhren aufplatzen, wenn eine feuchte Witterungsphase auf eine Trockenperiode folgt.

Pariser Karotte

Empfohlene Sorten

- Bundmöhre 'Amsterdamse Treib' (frühe Kultur)
- Sommermöhre: Nantaise-Typen
- Sommermöhre 'Juwa-Rot' (extra viel Karotin)
- Möhre 'Flyaway' (weniger anfällig für die Möhrenfliege)
- Gelbe Möhre 'Mello Yellow'
- Rote Möhre 'Nutri Red'
- Violette Möhre 'Violette', 'Purple Haze'
- Weiße Möhre 'White Belgian', 'Blanche a Collet Vert'
- Wintermöhre: Sorten aus Flakkee und Berlikum
- Pariser Karotte 'Pariser Markt 4', 'Parmex'
- Babymöhre 'Amini'

Kulinarisches

Man kann die Möhren roh geraspelt unter den Salat mischen, geschnitten in die Suppe geben oder Möhrensaft daraus machen. Leicht angedünstete Möhren können Sie mit Stiltonkäse gratinieren. Oder Sie machen buntes Gemüsepüree aus gekochten Möhren, gekochten Kartoffeln, Crème fraiche und gehackter Petersilie.

Ernten

Möhren können gekocht und roh gegessen werden. Man sollte immer nur die größten Möhren ernten, die kleineren Exemplare können dann noch eine Weile weiterwachsen. Die Ernte erfolgt am besten am Abend, die übrigen Möhren werden danach gründlich angegossen. Durch die Ernte wird der Duft des Laubs freigesetzt und so die Möhrenfliege angelockt. Deshalb sollten die Möhren nach Beginn der Ernte nicht zu lange stehen bleiben. Wer viele Möhren kultiviert, kann es mal mit einer speziellen Minisorte versuchen. Wintermöhren sind ein richtiges Lagergemüse, das den ganzen Winter über gegessen werden kann. Man sollte sie ernten, bevor der Frost einsetzt (Mistgabel verwenden). Die dicken Möhren können an einem kühlen Platz in Kisten mit feuchtem scharfem Sand gelagert werden. Möhren enthalten Mineralien, wie Kalzium und Phosphor, vor allem jedoch viel Karotin.

Wintermöhre

Praktisches

- **Aussaat** Sommermöhre: März (Frühbeet)/Mitte April bis Ende Juni (Freiland); Wintermöhre: Anfang Mai
- **Pflanzabstand** Sommer/Wintermöhre: Reihenabstand 15 cm/25 cm; Sommer/Wintermöhre: Pflanzenabstand 3 bis 5 cm/5 bis 7 cm
- **Kulturdauer** Sommermöhre 80 bis 100 Tage, Wintermöhre 150 Tage
- **Mischkultur** Gruppe B
- **Vorkultur** Erbsen, frühe Kohlsorten
- **Kombinieren** mit Erdbeeren, Lauch, Zwiebeln, Radies, Schnittlauch
- **Nachkultur** Endivie, Blumenkohl, Kohlrabi
- **Erntezeit** Ende Mai bis November

Rote Bete

Wurzelgemüse

Rote Bete (*Beta vulgaris* ssp. *vulgaris* var. *vulgaris*)
Dieses mit dem Mangold verwandte, einjährige Gemüse bildet kugelförmige, manchmal eher spitze Wurzeln in den Farben Rot, Weiß oder Gelb. Die bekannte Rote Bete enthält starke Farbstoffe (Betanine), die Flecken verursachen können. Wen das stört, kann gelbe oder weiße Bete säen, denn die schmecken genauso gut. Es gibt auch dekorativ gestreifte Bete mit konzentrischen weißen Ringen in der Knolle.
Für den Anbau sind frühe bis späte Sorten im Handel erhältlich: Für die frühe Kultur wird meistens die Sorte 'Ägyptische Plattrunde' verwendet, die Wurzeln haben eine abgeflachte Form. Für die Sommerkultur eignen sich Sorten mit runden Wurzeln. Aber auch solche mit länglichen, weißen und gelben Rüben. Zudem gibt es Sorten, die speziell für die Herbstkultur geeignet sind.

Tipps zur Anzucht

Rote Bete gedeihen gut in humosem, gut gelockertem Boden, der nicht frisch gedüngt sein darf, an einem offenen, sonnigen Platz. Die Samen befinden sich meist in sogenannten Knäueln. Es empfiehlt sich, diese eine Stunde vor der Aussaat einzuweichen, um die Keimung anzuregen. Da sich mehrere Samen in einem Knäuel befinden, müssen sie ausgedünnt werden, aber es gibt auch Saatgut mit lediglich einem Samen pro Knäuel. Die Rüben werden in Reihen gesät, in einer Tiefe von etwa einem Zentimeter, im Sommer etwas tiefer. In trockenen Perioden muss gegossen werden. Eine Mulchschicht (siehe Seite 133) verhindert, dass die Erde austrocknet. Rote Bete können auch in Töpfen und Pflanzkübel kultiviert werden.

Ernten

Rote Bete werden aus der Erde gezogen, sobald sie die gewünschte Größe erreicht haben, also etwa 4 bis 6 cm. Da sie leicht aus dem Boden ragen, ist ihre Größe gut sichtbar. Das Laub sollte abgedreht werden; wenn das Laub abgeschnitten wird, können die Rüben während des Kochens anfangen zu „bluten" und so ihre Farbe verlieren. Wenn Rote Bete zu lange im Boden bleiben, können sich weiße Ringe in der Knolle bilden. Rüben vertragen keinen Frost; man lagert sie am besten in einer Kiste mit feuchtem, scharfem Sand. Rote Bete enthalten unter anderem Kalzium, Eisen, Vitamin B und relativ viel Vitamin C.

Kulinarisches

Man kann junge (rote) Beteblätter unter den Salat mischen. Rohe geraspelte Bete schmeckt lecker. Der leicht süßliche Geschmack der Rüben harmoniert mit Saurem, wie Gewürzgurken. Rohe Bete wird 30 bis 40 Minuten gekocht, gewürfelt und mit Butter, Frühlingszwiebeln und Orangensaft vermischt. Probieren Sie Kartoffel-Rote Bete-Salat!

- **OBEN** Rote Bete
- **MITTE** Beete 'Bull's Blood'
- **UNTEN** Gelbe Beete 'Burpee's Golden'
- **RECHTS** Beim Ernten das Laub abdrehen

Empfohlene Sorten

- Rote Bete 'Ägyptische Plattrunde' (frühe Kultur)
- Rote Bete 'Rote Kugel' (Sommerkultuur)
- Rote Bete 'Regala' (Sommer- und Herbstkultur, Lagerrübe)
- Rote Bete 'Moneta' oder 'Monogram' (1 Samen pro Knäuel)
- Rote Bete 'Bull's Blood' (dunkelrote Blätter)
- Rote Bete 'Forono' (zylinderförmige Knolle)
- Rote Bete 'Mammoth Long' (schlanke Knollen, tiefrot)
- Weiße Bete 'Blankoma' (weiße Knolle)
- Gelbe Bete 'Burpee's Golden' (gelbe Knolle)
- Rote Bete 'Chioggia' (weiße Ringe in roter Knolle)
- Rote Bete 'Pronto' (für die frühe Ernte geeignet)

Noch mehr Knollen

Wer noch mehr Knollen im Garten haben möchte, sollte mal Mairüben *(Brassica rapa* var. *rapa)* ausprobieren wie „Platte Witte Mei", oder „Tokyo Cross". Sie können ab März unter Hauben ausgesät werden. Kleine Knollen haben einen besonders feinen Geschmack und brauchen nicht mal geschält zu werden. Leicht kochen oder roh als Salat raspeln. Die Schwarzwurzel *(Scorzonera hispanica)* ist eine Wildpflanze mit langen schwarzen Wurzeln, die geschält und gekocht werden. Schwarzwurzeln werden im April in Reihen ausgesät. Pastinaken *(Pastinaca sativa)* haben lange weiße Wurzeln, die roh oder gekocht gegessen werden können. Sie werden Mitte April ausgesät; die Ernte beginnt erst im Oktober.

Praktisches

- **Aussaat** Anfang März (Frühbeet), Anfang April bis Ende Juli (Freiland)
- **Pflanzabstand** in Reihen mit 20 bis 30 cm Abstand, die Pflanzen 5 bis 10 cm
- **Kulturdauer** 80 bis 150 Tage
- **Mischkultur** Gruppe B
- **Vorkultur** Kohlrabi
- **Kombinieren** mit Erdbeeren, Erbsen, Salat, Zwiebeln
- **Nachkultur** späte Buschbohne, späte Kohlsorten, Feldsalat
- **Erntezeit** Juni bis Oktober

Mairüben

Radieschen 'Riesenbutter'

Radieschen

Wurzelgemüse

Radieschen (*Raphanus sativus* var. *sativus*) Diese einjährigen Knollen sind leicht zu ziehen und haben einen frischen, würzigen Geschmack. Sie werden seit Langem kultiviert und wurden bereits von den alten Ägyptern gegessen. Radieschen sind etwas für Ungeduldige, weil sie sehr schnell wachsen; ideal für Kinder also.

Es gibt rote, weiße und zweifarbige Radieschen in runder, ovaler und spitzer Form. Sie werden meistens im Fühjahr angebaut; im Sommer werden Radieschen schnell schwammig. Doch es gibt auch einige Sommersorten, die meistens nicht rund, sondern eher länglich sind, und es gibt sogar Winterradieschen. Auch die großen Sorten aus Asien werden immer beliebter, wie der langgestreckte Rettich 'Mooli'. Radieschen werden immer roh gegessen. Bei Schlangenradieschen geht es nicht um die Knollen, sondern um die würzigen Samenkapseln; man kann auch die jungen Samenkapseln von ins Kraut geschossenen Radieschen ernten.

Tipps zur Anzucht

Radieschen sollten früh ausgesät werden, denn sie gedeihen bei niedrigen Temperaturen am besten; im Gewächshaus können sie bereits im Februar gesät werden. Radieschen machen sich auch gut in Töpfen und Kästen. Sie benötigen lockere, humose, feuchte Erde und einen sonnigen Platz. Für die Sommerkultur wird ein Plätzchen im Halbschatten bevorzugt. Man sät sie am besten in Reihen aus und wässert in trockenen Perioden. Dieses Knollengewächs mag keinen frischen Dünger; zu viel Dünger sorgt in jedem Fall für zu viel Laub und Radieschen ohne Geschmack. Die asiatischen Sorten sollten ab Mitte Juni ausgesät werden, sonst schießen sie ins Kraut. Bei den großen Sorten kann die Kohlfliege zum Problem werden, weshalb sie eventuell unter einem feinmaschigen Netz kultiviert werden sollten.

Ernten

Radieschen sind leicht zu ernten, indem sie an den Blättern aus der Erde gezogen werden. Zu große Knollen gehen auf Kosten des Geschmacks, deshalb werden sie in Murmelgröße geerntet. Die größten zuerst, die anderen bleiben noch eine Weile stehen. Im Kühlschrank kann man Radieschen noch eine Weile lagern. Radieschen enthalten unter anderem Kalzium, Eisen und Vitamin C.

Empfohlene Sorten

- Rote Radieschen 'Cherry Belle' (Sommer- und Herbstkultur)
- Radieschen 'Pink Beauty' (rosa Radieschen, Sommerkultur)
- Radieschen 'French Breakfast' (halb lang, weiße Spitze)
- Radieschen 'Eiszapfen' (lange weiße Radieschen)
- Riesenradieschen 'Riesen von Aspern' (große rote Radieschen)
- Chinesische Radieschen 'China Rose' (länglich, rosarot, innen weiß)
- Winterradieschen 'Runder schwarzer Winter' (schwarz)
- Weißer Sommerrettich 'April Cross'
- Roter Rettich 'Ostergruß'

Radieschen 'Ronde Rode'

Kulinarisches

Man kann junge Radieschen als Snack in eine Kräuter-Jogurtsauce dippen. Die Samenkapseln werden gerne in asiatischen Gerichten verwendet, man kann sie aber auch unter einen Salat mischen oder macht Häppchen daraus. Bereiten Sie einen Salat aus Schlangengurke, roten Radieschen, weißem Rettich, Dill und Zitronensaft.

Praktisches

- **Aussaat** Januar (Gewächshaus), März bis Mitte April (Frühjahr), Mai bis August (Sommer)
- **Pflanzabstand** 15 cm (Reihen), 2 bis 3 cm (Pflanzen)
- **Kulturdauer** 40 bis 45 Tage (Frühling), 20 bis 30 Tage (Sommer)
- **Mischkultur** Gruppe B
- **Vorkultur** alle Gemüse, die vor Mitte August geerntet werden
- **Kombinieren** mit Bohnen, Erbsen, Kohl, Möhren, Salat, Gartenkresse, Kerbel
- **Nachkultur** Kartoffeln, Knollenfenchel, Mais, Tomaten
- **Erntezeit** März bis August

Rettich

Die weiße Rettichknolle kann bis zu 30 cm lang werden, der Geschmack ist ähnlich wie der von Radieschen. Es gibt rote und schwarze Sorten. Rettich wird ab Anfang April bis Ende Juni in humose Erde ausgesät. Ab Mitte Mai kann geerntet werden. Die japanischen Rettichzüchtungen heißen 'Daikon' oder 'Mooli'; diese werden erst Mitte Juni gesät und nach drei Monaten geerntet.

Rettich 'Rex'

Kartoffel

Wurzelgemüse

Kartoffel *(Solanum tuberosum)* Die Kartoffel ist das wichtigste Gemüse – dieses Knollengewächs ist fast täglich auf unserem Speiseplan zu finden: Gekocht, als Pommes, Chips oder Kroketten. Im Jahre 1565 wurde die aus Südamerika stammende Kartoffel in Europa eingeführt, und heute wird der „Niederländische Erdapfel" in die ganze Welt exportiert. Es gibt viele verschiedene Sorten, die sich in Ertrag, Erntezeit, Farbe, Geschmack, Struktur und Krankheitsresistenz unterscheiden.

Probieren Sie doch mal spezielle, oft sehr alte Sorten mit interessantem Geschmack oder einer anderen Farbe aus, oder sogar die Süßkartoffel *(Ipomoea batatas)*. Man kann Kartoffeln auch in einen Topf oder großen Eimer pflanzen (12 bis 15 Liter Inhalt), wenn man keine allzu hohe Ernte erwartet. Nur die verdickten Wurzeln (Knollen) sind essbar, der Rest der Pflanze ist giftig.

Kartoffel im Topf

Mit schwarzer Folie abdecken

Tipps zur Anzucht

Kartoffeln werden immer gepflanzt. Knollen vom Vorjahr können ab Ende März in Kisten mit ein wenig Torf oder Topferde vorgekeimt werden. Die Kisten kommen an einen hellen Platz bei 10 bis 15 °C. Die beste Pflanzzeit ist Ende April, die jungen Triebe laufen dann keine Gefahr zu erfrieren. Große Kartoffeln werden in Stücke geschnitten; jedes Stück muss mindestens zwei Augen haben. Die Kartoffeln werden in Reihen gepflanzt, um später das Lockern der Erde zu erleichtern. Bei Frost müssen die Triebe mit einem Vlies abgedeckt werden. Spätestens Mitte Juni müssen die Kartoffeln angehäufelt werden, um zu verhindern, dass die Knollen sich grün färben. Dazu wird zusätzlich Erde aufgebracht. Man kann gegebenenfalls die Pflanzen noch einmal anhäufeln, wenn sie 20 cm hoch sind. Auch bei der Kultur in Töpfen ist dieses Anhäufeln erforderlich, weshalb der Topf beim Pflanzen nur zu etwa drei Vierteln gefüllt wird. Die Kartoffel wächst in unterschiedlichen Böden, also ist es wichtig, die richtige Sorte zu wählen: Es gibt typische Kartoffeln für Lehm-, aber auch für Sandböden. Der Boden sollte gut fruchtbar und nicht zu feucht sein. Gedüngt wird mit abgelagertem Stallmist, Kompost oder einer organischen Düngermischung. Achten Sie auf einen vollsonnigen Platz. Mulchen, beispielsweise mit Stroh oder schwarzer Folie, verhindert, dass die Erde austrocknet und unterdrückt Unkraut. Um Krankheiten zu verhindern, dürfen Kartoffeln maximal viermal hintereinander an der gleichen Stelle angebaut werden. Viren und Bodenälchen (Nematoden) können ein Problem sein; man sollte immer Pflanzware resistenter Sorten kaufen und in Mischkultur anbauen.

'Roseval'

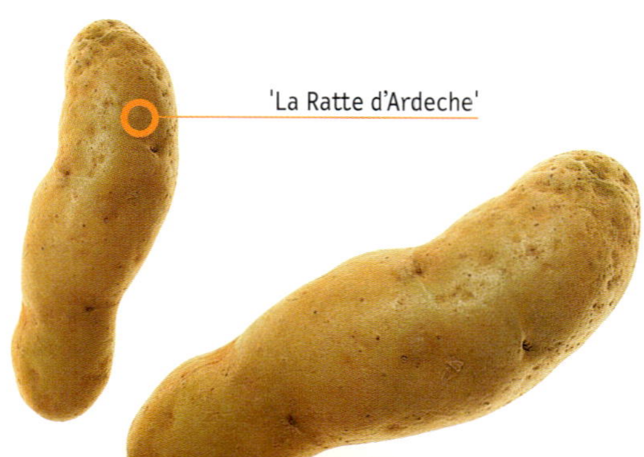

'La Ratte d'Ardeche'

Ernten

Die frühen Sorten können geerntet werden, wenn die Blüten ganz geöffnet sind, ab Ende Juni. Mittelfrühe Sorten können im August aus der Erde, mittelspäte und späte Kartoffeln werden bis Ende September geerntet. Dazu verwendet man eine Grabgabel mit stumpfen Zähnen. Kartoffeln kann man im Keller oder in einem frostfreien Schuppen lagern. Kartoffeln enthalten viel Stärke, Kalium und Vitamin C.

Empfohlene Sorten

- 'Beber' (sehr früh)
- 'Sieglinde', 'Nicola' (früh, mittelfrüh)
- 'Prior' (früh, Lehmboden)
- 'Desiree' (rote Schale, spät)
- 'Santé' (halbfrüh, mehlig), 'King Edward VII' (gelb mit rot, mittelfrüh)
- 'Blauer Congo' (blau, Rarität)
- 'Roseval' (dunkelrosa Schale, feiner Geschmack)
- 'La Ratte d'Ardeche' (alte Sorte, feiner Geschmack)
- 'Pink Fir Apple' (alte Sorte, längliche Form)

Mulch aus Stroh

Grabgabel mit stumpfen Zähnen

Kulinarisches

Kartoffeln werden immer gekocht gegessen. Kalte gekochte Kartoffeln würfeln und unter einen Salat mischen. Kartoffelsalat mit Sauerrahm, Zwiebeln, Äpfeln, Gewürzgurken, Kirschtomaten und Kräutern. Geröstete Kartoffeln mit Dill-Tomatensalat. Kartoffelsuppe mit Huhn, Lauch, Möhren und Petersilie. Oder bereiten Sie einen Kartoffelbrei mit Olivenöl.

Praktisches

- **Aussaat** Pflanzung Ende April
- **Pflanzabstand** 30 × 30 cm bis 45 × 45 cm, 10 bis 15 cm tief
- **Kulturdauer** 60 bis 150 Tage
- **Mischkultur** Gruppe A
- **Vorkultur** Radieschen, Spinat
- **Kombinieren** mit Bohnen, frühem Kohl, Mais, dicken Bohnen
- **Nachkultur** Erdbeeren, Endivie, Salat, Zwiebeln, Blumenkohl
- **Erntezeit** Ende Juni bis September

Kartoffelsuppe mit Paprika

1 Zwiebel, gehackt
1 Knoblauchzehe, gepresst
1 Esslöffel Olivenöl
500 g Kartoffeln
1 l Gemüsebrühe
1 Zweig Rosmarin
Schuss Sahne
Pfeffer und Salz
1/4 rote und 1/4 grüne Paprika
Kerbel und Schnittlauch

Die Zwiebel mit dem Knoblauch glasig dünsten. Die Kartoffeln putzen und in einem halben Liter Brühe mit dem Zweig Rosmarin garen. Danach die Schale abziehen, würfeln und in einer Küchenmaschine oder mit dem Pürierstab pürieren. Den Rosmarinzweig vor dem Pürieren entfernen, den Püree in die Brühe geben und den Rest der Brühe, die Sahne, Pfeffer und Salz ebenfalls. Dann mit der gewürfelten Paprika und den klein geschnittenen Kräutern hübsch garnieren.

1 kg Bundmöhren
1 l Gemüsebrühe
2 Schalotten
1 gepresste Knoblauchzehe
1 Esslöffel Butter
Pfeffer und Salz
2 Esslöffel Crème fraiche
2 Esslöffel gehackte Petersilie

Die Möhren bürsten, in kleinere Stücke zerteilen und in der Brühe gar kochen. Die Schalotten schneiden und mit der Knoblauchzehe in Butter glasig andünsten. Die Möhren in einer Küchenmaschine oder mit dem Pürierstab pürieren, wieder in die Brühe geben und dann die Schalotte, den Knoblauch sowie Pfeffer und Salz zufügen. Die Crème fraiche dazu geben und mit Petersilie garnieren.

Möhrensuppe

Gefüllte Zucchiniblüten

8 Zucchiniblüten
1 Packung Mini-Mozzarella
16 kleine Tomaten
eine Handvoll Basilikum
Pfeffer und Salz

Für den Teig
125 g Mehl
2 Eier
100 ml Bier

Das Mehl in eine Schüssel sieben. Die Eier und das Bier mit dem Mehl verrühren, bis eine glatte Masse entsteht, danach Salz zufügen. Die Friteuse auf 180 °C erhitzen. Die Blüten vorsichtig säubern und Stempel und Staubfäden entfernen. Danach wird die Füllung bereitet: Die Mozzarellakugeln halbieren, die Tomaten waschen und halbieren, Basilikumblätter waschen und in Streifen schneiden. Das Ganze durchmischen und mit Pfeffer und Salz abschmecken. Die Füllung vorsichtig in die Zucchiniblüten geben. Mit Zahnstochern kann man die Blüten schließen. Die Blüten behutsam durch den Teig ziehen und sofort frittieren.

Mini-Pizza mit Zucchini und Tomate

4 Scheiben Blätterteig
1 Esslöffel Olivenöl
1 Schalotte, gehackt
1 Knoblauchzehe, gepresst
Gemischte Kräuter:
Rosmarin, Thymian, Salbei, Majoran
1 Dose Tomatenmark
Pfeffer und Salz
1/2 Zucchini, in Scheiben
1 Tomate, in Scheiben
einige Tropfen Balsamico-Essig
Thymian
4 Scheiben Kräuterkäse
4 Blätter Basilikum

Den Ofen auf 220 °C vorheizen. Die Teigscheiben auf ein Backblech mit Backpapier legen, um das Anhaften des Teigs zu verhindern. Das Olivenöl erhitzen, die gehackte Schalotte andünsten und den Knoblauch und die Kräuter hinzufügen. Das Tomatenmark, Pfeffer und Salz hinzufügen und kurz erwärmen. Die Mischung über die Teigscheiben verteilen und danach dünne Scheiben Zucchini und Tomaten darauflegen. Mit etwas Essig beträufeln und mit Thymian bestreuen. Mit Käsescheiben belegen und etwa 12 Minuten im Ofen backen. Mit Basilikum garnieren.

Knollensellerie

Wurzelgemüse

Knollensellerie *(Apium graveolens* var. *rapaceum)*

Beim Knollensellerie ist der untere Teil des Stängels und die Wurzel knollenförmig verdickt. Die Knolle kann roh oder gekocht gegessen werden. Es ist ein typisches Wintergemüse, weil die Knollen gut gelagert werden können. Es gibt schnell wachsende Sorten mit kurzem Laub und runden Knollen und Sorten mit langem Laub, die eher eckige Knollen bilden. Bei Bleichsellerie werden die gebleichten Stiele gegessen (siehe Seite 100), beliebt ist auch sein Laub.

Im Mai ins Freiland setzen.

Im Herbst kann geerntet werden.

Empfohlene Sorten

- 'Mentor' (große Knolle)
- 'Monarch' (Standardsorte)
- 'Berger's Weiße Kugel' (große, weiße Knolle)

Praktisches

- **Aussaat** März (unter Glas)
- **Pflanzabstand** 40 × 40 cm
- **Kulturdauer** 200 Tage
- **Mischkultur** Gruppe A
- **Vorkultur** Kohlrabi, früher Salat, Spinat
- **Kombinieren** mit Bohnen, Kohl, Möhren, Lauch, Zwiebeln, Salbei
- **Nachkultur** entfällt
- **Erntezeit** Oktober bis November

Tipps zur Anzucht

In fruchtbarem, humosem, stets feuchtem Boden, gedeihen schöne Knollen. Den Boden mit Kompost anreichern und im Sommer schnell wirkenden organischen Dünger geben. Knollensellerie wird meist in Töpfchen bei 18 bis 20 °C ausgesät. Darüber kommt eine Schicht weißer Sand, der immer feucht bleiben sollte. Nach fünf Wochen werden die Jungpflanzen in Torftöpfchen vereinzelt und an einem kühleren Platz weiter kultiviert. Im Mai können die jungen Pflanzen ins Freiland gesetzt werden (nicht zu tief).

Ernten

Bei der Kultur von Knollensellerie braucht man viel Geduld: Die Knollen werden erst im Herbst geerntet. In Kisten mit Sand können sie den ganzen Winter über gelagert werden. Der Saft der Blätter kann allergische Reaktionen der Haut verursachen (Rötungen); zudem sollte man nicht bei voller Sonne ernten. Die Knolle enthält unter anderem Kalzium, Eisen und Vitamin C.

Topinambur

Topinambur oder Erdbirnen *(Helianthus tuberosus)* kannten bereits die Indianer. Die Knollen schmecken ziemlich süß (sie enthalten Fruktose) und werden gekocht gegessen. Diese robuste, sehr leicht zu kultivierende Pflanze ist verwandt mit der Sonnenblume. Die Knollen werden im März bis April gepflanzt und im Sommer etwas angehäufelt, im Oktober bis November können dann die Knollen geerntet werden. Die Pflanzen neigen zum Wuchern und werden sehr hoch!

Kulinarisches

Braten Sie Scheiben von Knollensellerie mit Zwiebeln, Tomaten und Käse. Bereiten Sie ein Püree aus gekochtem Knollensellerie mit Olivenöl, Salz und Pfeffer. Salat aus rohen feinen Raspeln mit Crème fraiche und Petersilie.

Knollenfenchel (*Foeniculum vulgare* ssp. *vulgare* var. *azoricum*) Ein köstlich frisches Gemüse, dessen Geschmack ein wenig an Anis erinnert. Der untere Teil der Pflanze ist verdickt (wie eine Zwiebel) und die Stängel haben sehr feines, fedriges Laub. Es gibt Sorten für die Sommerkultur und für die einfachere Herbstkultur. Knollenfenchel wird meistens gekocht, schmeckt aber auch roh sehr gut.

Kulinarisches

Die Stängel und das Laub klein geschnitten unter einen Salat mischen. Den leicht gedünsteten Knollenfenchel mit saurer Sahne zu Fischgerichten reichen. Eintopf aus Fenchel, Kartoffeln, weißen Bohnen und Tomaten.

Tipps zur Anzucht

Knollenfenchel wird ausgesät und in Torftöpfchen weitergezogen. Für die Sommerkultur werden die Pflanzen Mitte Mai ins Freiland gesetzt, für die Herbstkultur Ende Juni bis Mitte Juli, oder aber sie werden an Ort und Stelle ausgesät. Die Pflanzen im Laufe des Sommers etwas anhäufeln oder mit Pappmanschetten bleichen. Wenn die Knollen zu lange in der Erde bleiben, können sie faulen. Am besten sind ein lockerer, humoser und kalkhaltiger Sandboden; Lehmboden ist nicht so gut geeignet. Geben Sie Knollenfenchel einen vollsonnigen Platz und gießen Sie in trockenen Perioden. Eine Mulchschicht ist empfehlenswert.

Ernten

Wenn die sogenannte Scheinknolle ausreichend verdickt ist, meistens ab Mitte August, kann die Knolle abgeschnitten werden. Auch die Stängel und das feine Laub haben einen hervorragenden Geschmack. Knollenfenchel enthält Vitamin C und Mineralien, wie Eisen und Kalium.

Knollenfenchel

Wurzelgemüse

Praktisches

- **Aussaat** März bis April, Juni (späte Kultur)
- **Pflanzabstand** 40 bis 50 cm (Reihen), 20 bis 25 cm (Pflanzen)
- **Kulturdauer** 80 bis 90 Tage
- **Mischkultur** Gruppe B
- **Vorkultur** Erbsen, Radieschen, früher Salat, Spinat
- **Kombinieren** mit Endivie, Salat, Feldsalat, Salbei
- **Nachkultur** späte Kohlsorten, späte Buschbohnen, Radieschen, Sommerspinat
- **Erntezeit** August bis September

Empfohlene Sorten

- 'Fino'
- 'Finale'

Zwiebel und Schalotte *(Allium cepa)* Die Zwiebel (*Allium cepa* Cepa Gruppe) wird roh oder gekocht gegessen, und das bereits seit Jahrtausenden. Von manchen Sorten werden auch die Stängel verwendet. Es gibt Säzwiebeln, Steckzwiebeln und Schalotten, gelbe, rote und weiße Zwiebeln. Die Schalotte (*Allium cepa* Aggregatum Gruppe) ist etwas kleiner; meist wachsen einige Zwiebeln zusammen. Wenn Zwiebeln geschnitten werden, treten starke ätherische Öle aus, die das Weinen verursachen.

Zwiebel und Schalotte

Zwiebelgemüse

Ernten

Schalotten und Steckzwiebeln können schon sehr früh geerntet werden. Gehackt schmecken sie gut in Salaten. Die meisten Zwiebeln sind erst Ende August wirklich reif, das Laub knickt dann um und stirbt ab. Dann werden die Zwiebeln aus dem Boden gezogen und noch eine Weile zum Trocknen liegen gelassen. Bei nasser Witterung kann man sie unter einem Dach aufhängen. Säzwiebeln können gut gelagert werden. Zwiebeln enthalten viele Mineralien, wie Kalzium und Phosphor, und Vitamin C.

Rote Zwiebel

Praktisches

- **Aussaat** Januar (Gewächshaus, Säzwiebel), März (Frühbeet, Säzwiebel), Mitte März bis Mitte April (Steckzwiebel), Mitte August (Winterzwiebel)
- **Pflanzabstand** in Reihen in 25 cm Abstand, die Pflanzen 6 bis 10 cm
- **Kulturdauer** 150 Tage oder länger (Säzwiebel), 60 Tage (Steckzwiebel)
- **Mischkultur** Gruppe B
- **Vorkultur** nicht möglich wegen früher Kultur
- **Kombinieren** mit Rüben, Zucchini, Knollensellerie
- **Nachkultur** Spinat, Feldsalat
- **Erntezeit** Juli bis September

Kulinarisches

Weiße und gelbe Zwiebeln sind herzhaft, rote Zwiebeln etwas milder und süßer, Schalotten sind scharf und süß. Das grüne Laub der Frühlingszwiebel schmeckt sehr frisch. Süße Zwiebeln kann man wie einen Apfel essen. Zwiebeln mit Sahne, Thymian, Brot und Käse aus dem Backofen. Karamellisierte Zwiebeln mit Rotwein, braunem Zucker und Zimt. Zwiebel-Rohkostsalat mit Orangen, Dill und Honig.

Empfohlene Sorten

- Steckzwiebel 'Stuttgarter Riesen'
- Gemüsezwiebel 'Alisa Craig'
- Rote Zwiebel 'Red Barow', 'Pirsoka'
- Gelbe Winterzwiebel 'Senshyu Yellow'
- Bundzwiebel 'White Lisbon'
- Rote Frühlingszwiebel 'Rossa Lunga di Firenze'
- Lauchzwiebel 'Toga' oder 'Parade'
- Süße Zwiebel 'Walla Walla Sweet' (süßer Geschmack)
- Gelbe Pflanzschalotte 'Atlantic', 'Golden Gourmet'
- Rote Saatschalotte 'Prisma'
- Knoblauch 'Blanc' oder 'Rose du Tarn' (rosa-weiße Zwiebel)

Tipps zur Anzucht

Steckzwiebeln wachsen schnell und sind sehr einfach zu kultivieren. Kleine Zwiebeln vom Vorjahr werden im Frühling gesteckt. Bei Zwiebeln, die ausgesät werden, dauert es fast ein Jahr bis zur Ernte. Winterzwiebeln können bereits im August ausgesät werden; im Frühjahr werden sie ausgepflanzt. Schalotten werden meistens gesteckt. Zwiebeln und Schalotten gedeihen auf Lehmboden, aber auch Sandboden ist geeignet. Der Boden sollte immer gut gelockert werden, vor dem Winter wird Kompost eingearbeitet. Zwiebel brauchen einen geschützten, sonnigen Platz. Vergilbtes Laub kann die Ursache von Befall mit Zwiebelfliege sein.

Steckzwiebeln werden getrocknet.

Frischer Knoblauch

Lauch

Zwiebelgemüse

Lauch *(Allium porrum)* Lauch oder Porree bildet keine Zwiebel wie die anderen Zwiebelgewächse. Der untere, weiße Teil der Blätter (der Schaft) ist jedoch sehr schmackhaft. Es gibt unterschiedliche Sorten für die Sommer- und Herbstkultur oder den Anbau im späten Herbst/Winter.

Tipps zur Anzucht

Kultivieren Sie Lauch in lockerem, fruchtbarem Boden, der mit Kompost angereichert wurde. Die Samen werden breitwürfig in ein Saatbeet oder einen Kasten ausgesät. Die Sämlinge können in Reihen ausgepflanzt werden, wenn sie drei Blätter haben und etwa 3 mm dick sind. Sämlinge gibt es im Frühjahr auch zu kaufen. Vor dem Einsetzen werden die Blattspitzen abgeschnitten. Wenn man lange, weiße Stangen möchte, werden die Pflänzchen in eine 20 cm tiefe Rinne gesetzt und immer wieder etwas angehäufelt.

Ernten

Der erste Lauch kann, wie Lauchzwiebeln, ab Ende Juni bis Ende September geerntet werden. Herbstlauch wird von September bis Weihnachten geerntet. Winterlauch steht den ganzen Winter über zur Verfügung – Lauch ist gut winterhart und darf deshalb sehr lange im Garten stehen bleiben. Zum Ernten des Lauchs einen Spaten verwenden. Wenn Lauch ins Kraut schießt, schmeckt er nicht mehr, aber die Blüten sind überaus reizvoll. Lauch enthält Kalzium, Eisen und Vitamin B und C.

Lauch im Frühbeet

Empfohlene Sorten

- 'Tropita' (Sommer-, Winterkultur)
- 'Jolant' (Sommerkultur)
- 'Blaugrüner Winter' (Spätherbst-, Winterkultur)
- 'Hannibal' (Herbstkultur)
- 'Eskimo' (Winterkultur)
- 'St. Victor' (alte Sorte)

Praktisches

- **Aussaat** Januar (Gewächshaus, Sommerlauch), Ende Februar (Frühbeet, Herbstlauch), April (Freiland, Winterlauch)
- **Pflanzabstand** 30 cm (Reihen), 15 cm (Pflanzen)
- **Kulturdauer** 90 Tage bis fast ein Jahr
- **Mischkultur** Gruppe A
- **Vorkultur** Winterblumenkohl, Radieschen, Salat
- **Kombinieren** mit Endivie, Knollensellerie, Möhren, Zwiebeln
- **Nachkultur** späte Kohlsorten, Endivie
- **Erntezeit** Ende Juni bis Winter

Kohlgemüse

Kohlgemüse
Brokkoli

Brokkoli (*Brassica oleracea* var. *italica*) Von diesem Kohl essen wir die in dichten Grüppchen angeordneten Blütenknospen (Röschen), sowohl roh als auch gekocht. Es gibt Winterbrokkoli mit Knospen in kleinen Grüppchen, der im Winter im Garten stehen bleibt. Bei schneller wachsendem Sommerbrokkoli sitzen die Grüppchen dicht zusammen. Es gibt auch andere Rassen mit violett gefärbten Knospen oder den schön geformten grüngelben Romanesco, ein Verwandter des Blumenkohls. Bei Spargelbrokkoli werden die langen Triebe geerntet, die in den Blattachseln wachsen.

Tipps zur Anzucht

Brokkoli wird bei Temperaturen unter 15 °C in Töpfchen ausgesät. Die jungen Pflänzchen werden in Torfpellets vereinzelt und im April bis Juli ins Freiland gesetzt. Winterbrokkoli wird im Juli gesetzt. Die Pflanze braucht einen nährstoffreichen, feuchten Boden an einem vollsonnigen oder halbschattigen Standort. Wie alle Kohlsorten kann Brokkoli unter anderem befallen werden von Läusen, Raupen, Kohlfliege und Kohlhernie (siehe auch Seite 79).

Kulinarisches

Die rohen Röschen mit Knoblauch, Koriander, Ingwer und Sojasauce im Wok braten. Man kann sie auch in anderen asiatischen Gerichten verarbeiten. Auch lecker mit Mandelbutter und Bratkartoffeln. Oder serviert mit Nudeln und Blauschimmelkäse.

Ernten

Die „Blume" wird mit etwas Stielansatz geerntet. Die dickeren Stiele können auch gegessen werden (gegebenenfalls geschält). Nach der Ernte wachsen in den Blattachseln kleinere Blumenköpfchen nach, die ebenfalls geerntet werden können. Brokkoli wird oft zu spät geerntet; die Blütenknospen brechen dann sehr schnell auf und der Kohl verliert sein kompaktes Aussehen. Bei warmer Witterung kann es auf einen halben Tag ankommen, kontrollieren Sie die Pflanzen daher regelmäßig. Die Röschen können im Kühlschrank etwas gelagert werden. Brokkoli ist eines der gesündesten Gemüse und enthält unter anderem Kalzium, Karotin, Vitamin B und viel Vitamin C.

Empfohlene Sorten

- Brokkoli 'Fiesta' (Sommerkultur)
- Brokkoli 'Marathon' (Frühjahr- bis Herbstkultur)
- Winterbrokkoli 'Early Purple Sprouting' (violetter Kopf)
- Winterbrokkoli 'Nine-star Staude' (weiß, Staude)
- Romanesco (grüngelb, dekorativer Kohl , Herbstkultur)
- Spargelbrokkoli 'Bordeaux' (mehrere violette Blütenköpfchen)

Praktisches

- **Aussaat** April (Winterkultur), Februar bis Juni (Sommerkultur)
- **Pflanzabstand** 60 × 60 cm (Winterbrokkoli), 45 × 45 cm (Sommerbrokko
- **Kulturdauer** ein Jahr (Winterkultur), 90 Tage (Sommerkultur)
- **Mischkultur** Gruppe A
- **Vorkultur** Erbsen, Salat, Sommermöhren, Spinat
- **Kombinieren** mit Sellerie
- **Nachkultur** Spinat, Feldsalat
- **Erntezeit** Juni bis Oktober

Blumenkohl *(Brassica oleracea* var. *botrytis)* Die zumeist weißen Blütenknospen des Blumenkohls sitzen dicht gedrängt zusammen und bilden eine feste Halbkugel. Die Röschen können roh oder gekocht gegessen werden. Es gibt auch grüne und violette Rassen, die gesünder sind, weil sie mehr Vitamine enthalten.

Tipps zur Anzucht

Blumenkohl wird ausgesät in Aussaattöpfchen – hierzu verwendet man kalkhaltige Aussaaterde. Pikieren in Töpfchen mit Blumenerde. Am einfachsten ist die frühe Kultur, bei der die Pflanzen im Februar bis März gesät und im April ins Freiland gesetzt werden. Sommer- und Herbstsorten sät man etwas später. Gepflanzt wird in lockeren, sehr fruchtbaren, feuchten Boden. Wenn die „Blume" sich gebildet hat, wird sie mit einem Blatt oder einem Teller abgedeckt, um die weiße Farbe zu bekommen. Eine Mulchschicht aus Kompost ist empfehlenswert; feine Netze zum Schutz gegen Schädlinge ein Muss. Schönen Blumenkohl zu ziehen ist etwas für erfahrene Gemüsegärtner!

Blumenkohl 'Nero di Sicilia'

Ernten

Wenn der Blumenkohl am Rand des Kopfs etwas lockerer wird, kann er geerntet werden; hierzu wird die „Blume" unmittelbar unter dem ersten Blattkranz abgeschnitten. An einem kühlen Platz kann man den Kohl kurz lagern.

Kulinarisches

Dippen Sie rohe Blumenkohlröschen in eine Jogurt-Kräutersauce. Überbackenen Blumenkohl mit roten Zwiebeln, Nudeln, Bechamelsauce und einer Semmelbröselkruste. Leicht gekochter Blumenkohl mit einer Jogurt-Currysauce, serviert mit Reis.

Empfohlene Sorten

- Weißer Blumenkohl 'Fremont' (Frühjahr bis Herbst)
- Weißer Blumenkohl 'All the Year Round' (Sommer-/Herbstkultur)
- Weißer Blumenkohl 'Dalton' (Herbstkultur)
- Grüner Blumenkohl 'Shannon'
- Violetter Blumenkohl 'Grafitti' (Frühjahr bis Herbst)

Blumenkohl

Kohlgemüse

Praktisches

- **Aussaat** Februar bis März (frühe Kultur), Mitte März bis Mitte April (Sommerkultur)
- **Pflanzabstand** 50 × 50 cm
- **Kulturdauer** 120 bis 300 Tage
- **Mischkultur** Gruppe A
- **Nachkultur** entfällt
- **Kombinieren** eventuell mit Sellerie
- **Nachkultur** späte Buschbohnen, Knollensellerie, Lauch
- **Erntezeit** Mai bis November

Kohl

Kohlgemüse

Kohl *(Brassica oleracea)* gibt es in einer Fülle von Formen und Größen, er wird einjährig kultiviert. Die bekanntesten Blattkohle sind Grünkohl und aus dem Fernen Osten Pak Choi sowie der schnellwüchsige Amchoi. Beim Rosenkohl werden die Röschen oder Knospen, die den Blattachseln entspringen, gegessen. Bei Kopfkohlarten, wie Weißkohl, Rotkohl, Wirsing, Chinakohl und Spitzkohl, sind die Blätter straff gefaltet und bilden einen großen kugelförmigen, teils eher spitzen Kopf. Es gibt auch Kohlgewächse, bei denen es um die Knollen geht, wie Kohlrabi und Kohlrübe.

Tipps zur Anzucht

Den Kohl in mit Kalk angereicherte Anzuchterde aussäen, in Töpfchen vereinzeln und Ende März bis April ins Freiland setzen. Chinakohl wird erst nach dem 21. Juni ausgesät, Grünkohl im Mai, Kohlrabi von März bis Mitte Juli. Kohlsorten sind nicht so leicht zu kultivieren, weil viele Schädlinge auf der Lauer liegen. Wird der Kohl jedoch in bodenlosen Töpfen kultiviert, werden die meisten Schädlinge chancenlos sein. Dazu verwendet man geräumige Plastiktöpfe, aus denen der Boden herausgeschnitten wurde. Der Topf wird dann eingegraben und mit frischer (also ungedüngter) Topferde gefüllt, der Kalk zugefügt wurde. Zusätzlichen Schutz bietet ein Netz. Gegen die Kohlfliege können wir auch einen „Kohlkragen“ anlegen. Während des Wachstums wird mit schnell wirksamem Dünger nachgedüngt. Wenn die Köpfe sich bilden, geben wir erneut Dünger. Eine Mulchschicht ist sehr zu empfehlen. Grünkohl ist übrigens am einfachsten zu kultivieren.

Empfohlene Sorten

- Weißkohl 'Brunswijker' (für Sauerkraut), 'Lennox'
- Spitzkohl 'Filderkraut', 'Cape Horn'
- Wirsing 'Wirosa'
- Miniwirsing 'Protovoy' (kleiner Kopf)
- Rotkohl 'Frührot' (frühe Kultur)
- Chinakohl 'Bilko'
- Pak Choi 'Joi Choi', 'Hypro'
- Amchoi 'Broadleaf' (runde Blätter)
- Grünkohl 'Halbhoher Grüner Krauser' (fein gekraust)
- Roter Grünkohl 'Redbor' (rotviolette Blätter)
- Rosenkohl 'Hilds Ideal'
- Roter Rosenkohl 'Rubin'
- Kohlrabi 'Azur Star' (violette Knolle)

Ernten

Chinakohl wächst schnell und ist schon nach zwei Monaten erntereif, die jungen Blätter von Amchoi bereits nach fünf Wochen. Die Kopfkohlarten werden am Ende des Sommers oder im Herbst geerntet, indem sie mit einem scharfen Messer abgeschnitten werden. Vor allem Rot- und Weißkohl können im Winter sehr gut an einem kühlen, frostfreien Platz gelagert werden. Bei Rosenkohl kann man die Röschen von unten nach oben abernten, bis alle groß genug sind. Der Geschmack von Grünkohl wird besser, wenn er einmal Frost bekommen hat. Den Kohlrabi ernten, wenn die Knollen einen Durchmesser von 6 cm haben. Kohl wird oft sehr lange gekocht; eine kurze Garzeit ist jedoch auch eine schmackhafte Variante. In Kohl befinden sich viele Mineralien, wie Kalzium, Eisen und Kalium, zudem Vitamin B und C.

Praktisches

- **Aussaat** Februar bis März (unter Glas), April bis Mai (Freiland)
- **Pflanzabstand** 40 × 40 cm bis 60 x 60 cm
- **Kulturdauer** 35 Tage bis fast ein Jahr
- **Mischkultur** Gruppe A
- **Vorkultur** Erbsen, Salat, Spinat, Möhren
- **Kombinieren** mit Endivie, Rüben, Buschbohnen
- **Nachkultur** Endivie, Möhren
- **Erntezeit** Juni bis Winter

Noch mehr Kohl

Es gibt auch Kohlsorten mit einem lockereren Wuchs und feinen Blättern: Schnittkohl. Er passt hervorragend zu Salaten oder für die Zubereitung im Wok. Probieren Sie mal den Blattkohl 'Red Russian Kale' mit gekrausten, tief eingeschnittenen Blättern, Schwarz- oder Palmkohl 'Nero di Toscane' mit schmalen, welligen Blättern in einer schönen blaugrünen Farbe, oder Senfspinat (Komatsuma) 'Tosakan'.

Kulinarisches

Junge Blätter von Chinakohl oder Amchoi für einen Rohkostsalat oder gebraten im Wok. Rotkohl mit Trockenpflaumen und pochiertem Apfel. Chinakohlblätter gefüllt mit Hähnchen, Pilzen, Mungobohnen und Sojasauce.

- **OBEN LINKS** Rotkohl und Kohlrabi 'Wener Blauwe' im Topf
- **LINKS UNTEN** 'Ragged Jack', 'Red Peacock', 'Northern Lights', 'Redbor'
- **RECHTS OBEN** Kohl in Töpfen ohne Boden, gefüllt mit Topferde
- **RECHTS UNTEN** Palmkohl 'Nero di Toscane'

Rotkohl

Erbsen und Bohnen

Hülsenfrüchte

Dicke Bohne

Erbsen und Bohnen (*Pisum* und *Phaseolus*) Alle Hülsenfrüchte gehören zur Familie der Schmetterlingsblütler – die Blüten sehen tatsächlich ein wenig wie Schmetterlinge aus und sind sehr dekorativ. Vor allem die hohen Feuerbohnen *(Phaseolus coccineus)* haben wunderschöne Blüten. Die Früchte sind die Hülsen, in denen sich die Samen befinden. Man unterscheidet zwischen Erbsen *(Pisum)* und Bohnen *(Phaseolus)*. Manchmal wird die ganze Hülse gegessen, wie bei Gartenbohnen und Prinzessbohnen. Manchmal geht es aber nur um die Samen, wie bei Erbsen und Kapuzinererbsen. Dicke Bohnen (Puffbohnen), bei denen sich die großen, flachen Samen in einer fleischigen Hülse befinden, gehören zu der Pflanzengattung *Vicia*.

Tipps zur Anzucht

Erbsen keimen bei niedrigen Temperaturen. Erbsen, Zuckerschoten und Kapuzinererbsen werden ab Februar bis Ende April ins Freiland gesät. Bohnen keimen in warmem Boden und werden erst Anfang bis Mitte Mai gesät (Feuerbohnen Ende Mai), späte Sorten können noch Ende Juli gesät werden. Es ist auch möglich, die Bohnen im Haus in Töpfchen vorzuziehen; besonders, wenn es draußen kalt und nass ist. Dicke Bohnen ab Ende März säen oder im Februar in Töpfchen im Gewächshaus. Junge Pflanzen sollten mit Maschendraht oder Folie vor Vogelfraß geschützt werden. Viele Hülsenfrüchte sind Kletterpflanzen und benötigen eine feste Stütze, die bei starken Kletterern bis zu 3 m hoch sein sollte. An jeder Stange fünf Bohnen an die Innenseite der Stange legen (2 bis 3 cm tief). Es gibt auch Bohnen, die ziemlich gut auf eigenen Füßen stehen können, aber ein wenig Kletterhilfe ist meistens dennoch erwünscht, wie auch bei dicken Bohnen. Sie werden früh in Reihen angebaut. Kletternde Bohnen sind ertragreicher, aber bei Buschbohnen ist die Kulturzeit kürzer. Schnittbohnen sind schwieriger zu kultivieren; sie sind empfindlich gegen schlechte Witterung. Bohnen und Erbsen gedeihen auf nahezu allen Böden, die nicht zu feucht sind und ausreichend Kalk enthalten, und sie bevorzugen einen sonnigen Standort. Verwenden Sie einen Dünger, der ausreichend Phosphat und Kalium enthält.

Kapuzinererbsen

Violette Prinzessbohne 'Purple Queen'

Ernten

Sobald die ersten Bohnen die richtige Größe haben, kann die Ernte beginnen, vorzugsweise bei trockener Witterung. Man sollte die Bohnen ziemlich jung und zweimal in der Woche pflücken. Erbsen, Kapuzinererbsen, braune Bohnen, Kibietsbohnen und Puffbohnen werden aus der Hülse genommen. Erbsen und Bohnen können halb reif oder reif gegessen werden, aber immer gekocht. Reife, getrocknete Erbsen und Bohnen sowie braune Bohnen und Kibietzbohnen können sehr lange gelagert werden. Erbsen und Bohnen enthalten viel Eiweiß, Kohlenhydrate und Mineralien.

Blüten der Puffbohne

'Coco rose d'eyragnes'

Praktisches

- **Aussaat** siehe Anzucht
- **Pflanzabstand** Buschbohne: 40 bis 60 cm (Reihen), 10 cm (Pflanzen)
- **Kulturdauer** 100 bis 120 Tage (Stangenbohnen), 40 bis 90 Tage (Buschbohnen)
- **Wechselkultur** Gruppe C
- **Vorkultur** Kohlrabi, Radies, Rettich, Spinat, Salat
- **Kombinieren** mit Erdbeeren, Endivie, Rüben, Zucchini
- **Nachkultur** Endivie, Möhren, später Blumenkohl
- **Erntezeit** Juni bis September

'Dorina'

Empfohlene Sorten

- Stangenbohne 'Eva'
- Buschbohne 'Prelude'
- Gelbe Prinzessbohne 'Valdor'
- Violette Prinzessbohne 'Purple Teepee'
- Französische Bohne 'Triomphe de Farcy' (bis zu 17 cm lange Hülsen)
- Feuerbohne 'Sunset' (lachsrosa Blüten)
- Feuerbohne 'Painted Lady' (rotweiße Blüten)
- Dicke Bohne 'The Sutton' (Zwergsorte)
- Erbse 'Evita'
- Zuckererbsen 'Delikata'
- Kaiserschote 'Oregon Sugar Pod' (Zuckererbse)
- Kapuzinererbsen 'Blauwschokkers'
- Spargelerbse (*Lotus edulis*) (geflügelte Hülsen)

'Codair'

Kulinarisches

Junge Zuckererbsen roh unter einen Salat mischen. Gelbe Prinzessbohnen in Zitronensauce zu Lachs. Salat aus kalten Schnittbohnen mit einem Dressing aus Sauerrahm und Kräutern. Reissalat mit jungen Erbsen, Chinakohl, Käsestreifen und Dill.

1 kg (gelbe) Prinzessbohnen
200 ml Gemüsebrühe
1 Zitrone, Saft und Schale
1/2 Teelöffel Honig
5 g Speisestärke
1/4 rote Paprika in schmalen Streifen
50 g kalte Butter
Salz und Pfeffer

Prinzessbohnen mit Zitronensauce

Die Bohnen putzen, waschen und bissfest kochen. Die Zitronensauce zubereiten, indem die Brühe mit dem Zitronensaft, der Schale und dem Honig gekocht und reduziert wird. Abseihen und zurück in den Topf füllen. Die Speisestärke mit etwas Wasser anrühren und mit der Zitronenflüssigkeit vermengen. Die Paprika hinzufügen und kurz erwärmen. Den Topf vom Herd nehmen und die Butter in kleinen Flöckchen einrühren. Die Sauce mit Pfeffer und Salz abschmecken und unter die Bohnen mischen.

1 kg Kartoffeln
1 rote Paprika
1 grüne Paprika
1 Apfel
1 Tomate
Olivenöl
1 Zwiebel, gehackt
Pfeffer und Salz
eine Handvoll Schnittlauch

Für das Dressing

6 Esslöffel Olivenöl
2 Esslöffel Balsamico-Essig
1 Teelöffel Senf

Lauwarmer Kartoffelsalat

Die Kartoffeln schälen, schneiden und bissfest kochen. Die Paprika waschen, würfeln, den Apfel schälen und ebenfalls würfeln. Die Tomaten waschen und in Stücke schneiden. Das Olivenöl in einer großen Pfanne erhitzen und die in Scheiben geschnittenen Kartoffeln darin goldbraun anbraten. Zuletzt die gehackte Zwiebel hinzufügen und kurz mitbraten lassen. In der Zwischenzeit das Dressing aus Öl, Essig und Senf zubereiten. Das Gemüse und den Apfel in eine Schüssel geben. Die Bratkartoffeln hinzufügen und vermischen. Mit Pfeffer und grobem Salz abschmecken und dem Dressing sowie dem geschnittenen Schnittlauch mischen.

Rote Bete in Orangensaft

Die rohe Beete waschen und in reichlich Wasser ohne Salz kochen (etwa eine Stunde). Die gegarten Rüben schälen und grob reiben. Mit dem Orangensaft, dem Apfel, Pfeffer und Salz bei niedriger Hitze dünsten. Die Rote Bete gegebenenfalls mit einem Esslöffel Zucker oder Honig etwas nachsüßen. Mit Dill garnieren. Auch sehr lecker als kalter Salat.

1 kg rohe Rote Bete
100 ml frisch gepresster Orangensaft
1 geriebener Apfel
Pfeffer und Salz
1 Esslöffel Dill

Pasta mit Gemüse-Sahnesauce

Die Zuckererbsen putzen und bissfest kochen. Den Pak Choi in Streifen schneiden und waschen. Die Nudeln kochen. In der Zwischenzeit das Öl leicht erhitzen und die Zwiebel zusammen mit dem Knoblauch andünsten. Pak Choi hinzufügen, kurz erhitzen und dann die Sahne zugeben. Die Zuckererbsen und die geviertelten Tomaten hinzufügen. Die Speisestärke mit etwas Wasser anrühren und damit die Sauce binden. Zuletzt den Majoran hinzufügen und die Sauce mit Pfeffer und Salz abschmecken. Die Sauce über die Nudeln gießen und mit einigen Streifen Parmesan und Majoranblüten schön anrichten.

100 g Zuckererbsen
200 g Pak Choi
750 g Pasta trafilata (oder ähnliche Nudeln)
2 Esslöffel Olivenöl
1 Zwiebel in halben Ringen
1 Knoblauchzehe, geraspelt
250 g Kochsahne
100 g Pomodori (Tomaten)
5 g Speisestärke
eine Handvoll Majoran (Oregano)
Pfeffer und Salz
etwas Parmesankäse in Streifen
Majoranblüten

Tomaten

Fruchtgemüse

Tomate 'Gardener's Delight'

Tomate *(Lycopersicon lycopersicum)* Um das Jahr 1500 kamen die ersten Tomaten aus Südamerika über Italien nach Europa. Erst im 19. Jh. wurde die Tomate in kleinem Umfang kultiviert, und inzwischen ist sie eines der wichtigsten Gemüse der Welt. Tomaten werden einjährig kultiviert, es gibt sie in verschiedenen Formen und Farben. Es macht Spaß, selber mal rosa Fleischtomaten, gelbe birnenförmige Tomaten, grüngelb gestreifte, weiße oder „schwarze" Tomaten anzubauen. Außerdem gibt es nichts besseres als den Geschmack einer selbst gezogenen Tomate.

Praktisches

- **Aussaat** Februar bis März
- **Pflanzabstand** 40 × 40 cm, 60 × 60 cm
- **Kulturdauer** 120 Tage (Gewächshaus), 200 Tage (Freiland)
- **Mischkultur** Gruppe A
- **Vorkultur** Radieschen, Salat, Spinat
- **Kombinieren** mit Rüben, Kohl, Möhren, Sellerie, Kapuzinerkresse
- **Nachkultur** entfällt
- **Erntezeit** Juli bis September

Tomate 'Serrat'

A. Die Tomaten werden in einer Saatschale ausgesät, die auf die warme Fensterbank oder in ein Mini-Gewächshaus gestellt wird.
B. Die Sämlinge werden pikiert, wenn sie ein Blattpaar aufweisen. Man sollte sie vorsichtig an den Blättern anfassen.
C. Die junge Pflanze kommt in einen Topf, wo sie sich an niedrigere Temperaturen gewöhnen soll.
D. Die inzwischen etwas größere Pflanze kann Mitte Mai in einen größeren Topf umgesetzt werden!

Tipps zur Anzucht

Achten Sie bei der Wahl der Tomatensorte vor allem auf den Geschmack und den Standort. Die größte Ernte kann man bei der Kultur im Gewächshaus oder Wintergarten erwarten, denn Tomaten mögen die Wärme. Bei der Kultur im Freiland ist man sehr auf das Wetter angewiesen. Für die Freilandkultur gibt es spezielle Plastikhauben, die die Wärme speichern; sie können ab September angebracht werden (siehe Seite 140). Tomaten sind leicht auszusäen. Im Frühjahr werden auch Jungpflanzen im Handel angeboten. Die Aussaat erfolgt im Februar bis Anfang März in Töpfchen an einem warmen Platz. Sobald die Pflänzchen erscheinen, benötigen sie einen kühleren Standort. Meistens werden sie zweimal pikiert, ab Mitte April sollten sie allmählich bei Außentemperatur oder im Gewächshaus abgehärtet werden. Tomatenpflanzen können prima in geräumigen Behältnissen (Seite 135) weiter kultiviert werden. Sie benötigen humose und nährstoffreiche Erde, Topferde ist gut geeignet.

Weiße Fleischtomate 'White Beauty'

Tomate 'Tiny Tim'

Ernten

Tomaten schmecken am besten, wenn sie an der Pflanze zur vollen Reife kommen. Die letzten noch grünen Früchte können drinnen auf der Fensterbank nachreifen. Tomaten sind sehr gesund und enthalten unter anderem Phosphor, Kalium, Vitamin C und Karotin.

Tomatenpflanzen pflegen

Neben der Pflanze wird ein fester Stock in die Erde gesetzt, an den man den Haupttrieb mit weichem Bindfaden hochbindet, oder man führt die Pflanze an einem Seil nach oben. Tomatenpflanzen dürfen nur mit einem Trieb in die Höhe wachsen. Alle Seitentriebe, die in den Blattachseln entstehen, werden ausgeknipst; das nennt man „ausgeizen". Auch neue Triebe aus dem Boden müssen entfernt werden. Freilandtomaten dürfen drei bis fünf Blütenrispen entwickeln; wenn man mehr stehen lässt, werden die oberen Tomaten nicht reif. Im Gewächshaus kann man sechs bis acht Blütenrispen belassen, der Rest sollte jedoch entfernt werden, auch die Pflanze wird oberhalb der letzten Blütenrispe abgeschnitten (Mitte August). So kann sie ihre Kraft für die Fruchtbildung nutzen. Im Gewächshaus müssen die Pflanzen im Sommer vor kräftiger Sonnenstrahlung geschützt werden. Wenn die Früchte zu sehr unter dem Laub verschwinden, kann im September ein Teil der Blätter abgeschnitten werden. Nachdüngung während des Wachstums ist stets erforderlich. Immer reichlich gießen, wobei jedoch die Erde besser etwas zu trocken als zu nass sein sollte. Es gibt leider viele Krankheiten, die Tomaten befallen können – vor allem Pilzkrankheiten verursachen Probleme. Man kann gegebenenfalls mit biologischen Mitteln behandeln, ebenso ist eine ausreichende Belüftung wichtig.

Kulinarisches

Tomaten können sowohl roh als auch gekocht gegessen werden. Tomatensalat mit jungem Lauch, Schafskäse und Sprossen. Kalte Tomatensuppe mit Gurke und Paprika. Tomaten überbacken mit Balsamico, Olivenöl und Basilikum. Kirschtomaten am Grillspieß. Konfitüren aus grünen Tomatensorten mit Ingwerpulver, Zitrone, Geliermittel und Zucker.

Tomate 'Green Zebra'

Empfohlene Sorten

- Fleischtomate 'Marmande' (groß, geribbt)
- Fleischtomate 'Pink Brandywine' (groß, rosa)
- Tomate 'Prestige', 'Picolino' (rot, groß)
- Tomate 'Garden Peach', 'Goldita', 'Yellow Pearshaped' (gelb)
- Tomate 'Green Zebra' (grüngelb gestreift)
- Tomate 'Tigerella' (rotorange gestreift)
- Tomate 'Martina' (rot, Freilandkultur)
- Tomate 'Black Prince' (dunkelrot bis schwarz)
- Romatomate 'Aviro' (orange, extra Vitamine)
- Kirschtomate 'Gardener's Delight' (rot, klein)
- Kirschtomate 'Sungold' (gelborange, klein)
- Kirschtomate 'Snowberry' (klein, cremeweiß)
- Kirschtomate 'Tiny Tim' (kleine Pflanze, Minitomate)

- **OBEN** Vor allem Pflanzen, die große Tomaten tragen, brauchen einen festen Stock als Stütze.
- **RECHTS** Tomate in Farben: 'Black Prince', 'Green Zebra', 'Serrat', 'Repreco Paste', 'Tiny Tim', 'Isis Candy' (gelb).
- **UNTEN** Die Triebe in den Blattachseln müssen regelmäßig ausgeknipst werden (ausgeizen).

Tomatillo

Die Tomatillo *(Physalis ixocarpa)* wird in der mexikanischen Küche verwendet und ist eine sehr wichtige Zutat für die Sauce „Salsa Verde". Die Früchte haben Ähnlichkeit mit Tomaten. Die Kultur ist ebenfalls dieselbe, doch wird die Tomatillo kaum von Krankheiten befallen. Zwischen der lampionförmigen Fruchthülle wächst eine runde Frucht, die bis zu 5 cm groß wird. Sie wird spät reif. Es gibt grüne, gelbe und eher violette Formen. Perfekt für Saucen und Konfitüren.

Schlangengurken und Gewürzgurken

Fruchtgemüse

Schlangengurke und Gewürzgurke *(Cucumis sativus)* Der herrlich frische Geschmack der Gurken gehört wirklich zum Sommer. Es gibt Freilandgurken, die draußen kultiviert werden. Sie haben kurze dicke Früchte (Gewürz- oder Einlegegurken). Zudem gibt es die sogenannten Gewächshausgurken. Diese haben lange Früchte mit einer glatten Schale und kaum Samen (Schlangen- oder Salatgurken). Oder man versucht mal etwas Ausgefallenes: Apfelgurken, Zitronengurken oder Olivengurken. Gewürzgurken sind in botanischer Hinsicht dasselbe wie Schlangengurken, die Kultur ist jedoch unterschiedlich. Sie werden eigentlich immer zum Einlegen verwendet, können jedoch auch frisch gegessen werden.

Tipps zur Anzucht

Gurken mögen Wärme, weshalb sie am besten in einem Gewächshaus oder Frühbeet kultiviert werden. Freilandgurken tragen kürzere Früchte und sind deshalb früher erntereif. Auf starke Kürbisunterlagen veredelte Freilandgurken bringen sicher eine gute Ernte. Schlangengurken können im Haus in Töpfchen bei 20 bis 25 °C vorgezogen werden. Die weitere Kultur erfolgt in der Regel im Gewächshaus. Gurken brauchen einen warmen, humosen Boden mit viel Nährstoffen. Die Erde sollte mit altem Stalldung oder Kompost angereichert werden. Plastiksäcke von Blumenerden eignen sich ebenfalls für die Kultur, Minigurken können auch im Topf angebaut werden. Die Schlangengurken führt

man an Stäben oder Seilen nach oben. Lassen Sie nur einen Trieb wachsen und nehmen Sie der Pflanze die Spitze weg, sobald sie das Dach des Gewächshauses erreicht hat. Die ersten sechs Seitentriebe abknipsen, an den folgenden Seitentrieben erscheinen die Blüten und danach die Gurken. Dem Seitentrieb

Ernten

Schlangengurken können im Gewächshaus bis zu 30 cm lang werden, Freilandgurken sollte man bei 15 cm Länge ernten. Die besonderen Schlangengurken, wie die Oliven- und Zitronengurke, werden sehr klein geerntet. Schlangengurken enthalten Mineralien, wie Phosphor und Kalium sowie Vitamin C. Gewürzgurken müssen jung geerntet werden, weil sich sonst zu viele Samen in den Früchten bilden. Gewürzgurken enthalten vor allem viele Mineralien, wie Kalzium, Eisen und Natrium.

Zitronengurke

Praktisches

- **Aussaat** März bis Juni
- **Pflanzabstand** 50 × 50 cm (kletternd), 1 × 1 m (liegend)
- **Kulturdauer** 90 Tage oder länger
- **Mischkultur** Gruppe A
- **Vorkultur** Kohlrabi, Radieschen, Rettich
- **Kombinieren** mit Rüben, Bohnen, Kohl, Mais, Zwiebeln
- **Nachkultur** Spinat, Feldsalat
- **Erntezeit** Juli bis September

Kulinarisches

Gedünstete Gurke in Currysauce. Gurkencocktail mit Ingwer und Zitrone. Gefüllte Gurke mit Butterkäse, Kräutern und Nüssen. Kalte Gurkensuppe mit Jogurt, Garnelen und Estragon. Die Gewürzgurken einlegen in Weinessig mit Zucker, Meerrettich und Kräutern.

- LINKE SEITE Gurke köpfen
- RECHTE SEITE OBEN Olivengurke
- RECHTE SEITE MITTE LINKS Apfelgurke
- RECHTE SEITE MITTE RECHTS Melone 'Ogen'

sollte nach dem Fruchtansatz die Spitze genommen werden. Bei Freilandgurken, deren Triebe auf dem Boden liegen, wird der Jungpflanze die Spitze genommen, wenn vier Blätter ausgebildet wurden.

In den Blattachseln bilden sich Seitentriebe, an denen die Blüten erscheinen. Für einen guten Fruchtansatz ist es erforderlich, bei der Bestäubung etwas zu helfen, allerdings ist das bei neueren Sorten nicht mehr nötig. Schlangengurken und Gewürzgurken können von Pilzen, Spinnmilben und Weißer Fliege befallen werden.

Empfohlene Sorten

- Gewächshausgurke 'Flamingo'
- Freilandgurke 'Burpless Tasty Green'
- Minigurke 'Printo' (für Topfkultur)
- Slicergurke 'Bush Champion' (Balkon und Terrasse)
- Sikkimgurke 'Braune Netzgurke de Sikkim' (braune, dicke Frucht)
- Salatgurke 'Painted Serpent' (lang, schmal, gestreift), 'Saladin'
- Olivengurke (klein mit weichen Stacheln)
- Apfelgurke (cremeweiß, oval)
- Zitronengurke (gelb, rund)
- Gewürzgurke 'Hokus' (Bestäuben erforderlich)
- Gewürzgurke 'Amber', 'Diamant' (selbstfruchtend)

Melonen

Melonen *(Cucumis melo)* können nur in einem fruchtbaren, warmen Boden erfolgreich kultiviert werden. Die Triebe liegen auf dem Boden oder werden an einem Draht hochgeführt. Nach dem vierten Blatt köpfen. Die Seitentriebe, die nun aus den Blattachseln wachsen, werden nach dem fünften Blatt geköpft. Die Blüten müssen mit einem Pinsel bestäubt werden. Versuchen Sie es doch mal mit der Netz-Melone 'Ogen', der Apfel-Melone 'Vine Peach' oder den Sorten 'Oranje Ananas' und 'Petit Gris de Rennes'. Melonen sind sehr wärmebedürftig und sollten nur in milden Gegenden oder unter Glas angebaut werden.

Noch mehr Fruchtgemüse

Muskatzucchini 'Tromba d'Albenga'

Zucchini & Patisson

Fruchtgemüse

Zucchini und Patisson *(Cucurbita pepo)* Die Zucchini ist sehr einfach zu kultivieren und hat große dekorative Blätter und auffällige gelbe Blüten. Die Früchte können weiß, gelb oder grün sein; die Form ist meistens ähnlich wie die der Gurke, eine Zucchini kann aber auch rund sein. Die Zucchini wächst meistens mit einem kurzen Stamm und bildet im Gegensatz zu Kürbissen keine langen Triebe. Der Patisson, mit der Form einer fliegenden Untertasse, und der Zier-Kürbis tragen ebenfalls diesen botanischen Namen.

Zucchini in Jogurtbechern aussäen

Tipps zur Anzucht

Die Samen der Zucchini und des Patisson können Mitte April in Töpfchen gesteckt und auf eine warme Fensterbank oder in ein Mini-Gewächshaus gestellt werden. Die Pflanzen wachsen schnell, gegebenenfalls in einen größeren Topf pikieren, langsam abhärten und ab Mitte Mai (auf späte Nachtfröste achten!) ins Freiland setzen. Und Vorsicht mit Schnecken, denn die lieben die zarten jungen Blätter. Jede Zucchinipflanze benötigt etwa einen Quadratmeter, also verhältnismäßig viel Platz, aber dafür kann man den ganzen Sommer über Zucchini ernten. Für einen guten Ertrag ist ein humoser, sehr fruchtbarer Boden nötig, der gut drainiert ist. Die Zucchinipflanze sollte einen sonnigen, geschützten Standort bekommen und in trockenen Perioden reichlich gegossen werden. Eine Mulchschicht aus Stroh verhindert, dass die Früchte schmutzig werden. Die Blüten werden durch Insekten bestäubt; man kann aber selber für einen guten Fruchtansatz ein wenig nachhelfen, indem man mit einem Pinsel die Pollen einer männlichen Blüte in eine weibliche bringt. Männliche Blüten haben dünne Stiele, während weiblichen Blüten direkt auf dem Fruchtansatz stehen. Wenn viel von der Pflanze geerntet wird, sollte im Sommer etwas nachgedüngt werden. Der kurze Stamm, kann zusätzlichen Halt durch einen Stock oder Ähnliches gebrauchen.

Ernten

Zucchini wachsen sehr schnell und können auch sehr groß werden. Kleine Zucchini und Patisson schmecken jedoch viel besser, weshalb man regelmäßig die kleinen Früchte ernten sollte. Babyzucchini von 10 cm Länge sind eine wahre Delikatesse, Früchte mit einer Dicke von etwa 15 cm schmecken aber auch noch gut. Die Ernte der jungen Früchte stimuliert zudem die Bildung neuer Zucchini. Die Blüten sind ebenfalls essbar – sie können zum Beispiel gefüllt und frittiert werden. Vor allem große Patisson schmecken nicht mehr so gut, aber man kann sie noch lange als Dekoration verwenden. Zucchini enthalten unter anderem Kalzium, Phosphor, Karotin und Vitamin B und C.

Runde gelbe Zucchini

Kulinarisches

Mediterranes Dünstgericht mit Zucchini, Tomaten, Oregano und Parmesankäse. Zucchinischeiben auf Pizza. Runde Zucchini mit asiatisch gewürztem Reis gefüllt. Babyzucchini (mit Blüte) gedünstet in Butter oder roh unter den Salat gemischt. In Bierteig getränkte frittierte Blüten mit Kräuterrahmfüllung.

Zucchinisämling

Praktisches

- **Aussaat** Mitte April
- **Pflanzabstand** 1 × 1 m (Zucchini), 75 × 75 cm (Patisson)
- **Kulturdauer** 60 Tage
- **Mischkultur** Gruppe A
- **Vorkultur** Kohlrabi
- **Kombinieren** mit Bohnen, Erbsen, Mais, Zwiebeln
- **Nachkultur** eventuell Spinat oder Feldsalat
- **Erntezeit** Mitte Juni bis September

Zucchiniblüten sind essbar.

Empfohlene Sorten

- Zucchini 'Diamant' (grün)
- Zucchini 'Jack', 'Black Forest' (dunkelgrün)
- Zucchini 'Gold Rush' (gelb)
- Zucchini 'Yellow Crookneck' (gelb, Bäuchlein mit gebogenem Hals), 'Floridor' (gelb)
- Zucchini 'Tondo de Nice' (weiß mit grün, rund)
- Eichelzucchini 'White Acorn' (weiß, Form einer Eichel)
- Muskatzucchini 'Tromba d'Albenga' (hellgrün, krumm)
- Patisson 'Peter Pan' (weiß bis hellgrün)
- Patisson 'Custard White' (weiß)
- Patisson 'Sunburst' (gelb, abgebildet auf Seite 29)

Kürbis

Fruchtgemüse

Kürbis *(Cucurbita maxima)* Der Kürbis ist starkwüchsig und bildet lange Triebe sowie Früchte, die bis zu 75 kg wiegen können. Sie werden für Shows und Wettbewerbe kultiviert: Wer hat den größten Kürbis? Die Sorten mit kleineren Früchten schmecken jedoch meistens besser. Kürbisse erfreuen sich seit einiger Zeit größerer Beliebtheit, so dass viele unterschiedliche Formen und Farben erhältlich sind.

Tipps zur Anzucht

Für eine gute Ernte benötigen Kürbisse lockeren, sehr fruchtbaren Boden und einen warmen Standort. Dazu sollte viel organisches Material, wie Kompost und abgelagerter Stallmist, in den Boden eingearbeitet werden. Kürbisse gedeihen auch prächtig auf dem Komposthaufen. Anfang bis Mitte April sollte die Aussaat in geräumige Töpfe bei einer Temperatur von 20 bis 25 °C erfolgen; für die späte Kultur kann bis spätestens Ende Mai ausgesät werden. Zunächst werden die Kürbispflanzen langsam an die Außentemperatur gewöhnt, bevor sie Mitte bis Ende Mai ins Freiland gesetzt werden können. Wenn man schwarze Plastikfolie über das Beet spannt (siehe Seite 132) erwärmt sich der Boden stärker, wodurch die Pflanzen schneller wachsen. Auch ein sehr großer Kübel oder Topf ist für die Kultur geeignet. Man sollte die Triebe köpfen, wenn sie etwa 60 cm lang sind, dann kommen aus den Blattachseln die Triebe, die Blüten ansetzen. Es gibt sowohl männliche als auch weibliche Blüten; um den Fruchtansatz zu fördern, kann mit einem Pinsel über alle Blüten gestrichen werden. Die langen Triebe der Kürbispflanzen lassen wir einfach über den Boden kriechen. Die Pflanze bildet Haftranken, kann also auch klettern. Wenn die Früchte heranreifen, legen wir etwas Stroh darunter, um Fäulnis zu vermeiden. Wer gerne einen sehr Kürbis haben möchte, sollte nur eine Frucht an der Pflanze belassen. Eine unkomplizierte Pflanze, die eine vergessene Ecke im Gemüsegarten rasch ausfüllt.

Ernten

Wenn sich der Stiel des Kürbis verfärbt und verkorkt sowie die Früchte sich sehr hart anfühlen, kann die Ernte beginnen. Man lässt einen Stielansatz von etwa 5 cm an der Frucht, um Fäulnis zu vermeiden. Das Fruchtfleisch kann gekocht, gebraten oder gegrillt gegessen werden. Die Früchte sind in einem trockenen, frostfreien Raum sehr lange haltbar; richtige Lagersorten sogar bis Mai. Auf diese Weise kann man auch im Winter das selbst gezogene Gemüse genießen. Kürbisse enthalten viele Fasern, Kalzium, Eisen, Karotin, Vitamin B und C.

Praktisches

- **Aussaat** April bis Mai
- **Pflanzabstand** 150 × 150 cm
- **Kulturdauer** 150 Tage
- **Mischkultur** Gruppe A
- **Vorkultur** Kohlrabi
- **Kombinieren** mit Erbsen, Mais, Zwiebeln
- **Nachkultur** Buschbohnen, Spinat, Feldsalat
- **Erntezeit** September bis Oktober

Kulinarisches

Gegrillte Kürbisscheiben mit Olivenöl und Kräutern aus dem Ofen. Kürbissuppe mit Möhren, Sauerrahm und Schnittlauch. Kürbisquiche mit Zwiebeln und Möhren. Kürbis, Apfel und Rosinen süßsauer. Kürbiskonfitüre. Geröstete Kürbiskerne mit Curry (siehe Seite 56). Auch die Blüten des Kürbis sind essbar, wie die Zucchiniblüten (siehe Seite 69).

Zier-Kürbisse

Zier-Kürbisse sind nicht essbar, sie werden nur zur Dekoration angebaut. Sehr bekannt ist die 'Türkische Mütze', aber es gibt Dutzende Formen und Farben. Da sehr große Kürbisse meistens nicht mehr schmackhaft sind, können auch sie zu Dekorationszwecken verwendet werden. Zum Beispiel, um ein Gesicht daraus zu schnitzen, oder man nimmt den ausgehöhlten Kürbis einfach als Schüssel für Kürbissuppe.

- LINKE SEITE Riesenkürbis
- RECHTE SEITE OBEN Zier-Kürbisse
- RECHTE SEITE, LINKS MITTE Kürbis 'Bleu de Hongrie'
- RECHTE SEITE, LINKS UNTEN Kürbis 'Jarrahdale'
- RECHTE SEITE, RECHTS Verschiedene kleine Kürbisse in einem Korb

Empfohlene Sorten

- Kürbis 'Golden Nugget' (orange, schmackhaft, gut haltbar)
- Kürbis 'Early Butternut' (hellgelb, birnenförmig)
- Kürbis 'Tom Fox', 'Spirit' (oranger Halloweenkürbis)
- Kürbis 'Butternut' (braunorange, flaschenförmig)
- Hubbardkürbis 'Golden Hubbard' (gelborange, oval)
- Hubbardkürbis 'Baby Blue Hubbard' (klein, graublau)
- Kürbis 'Vegetable Spaghetti' (spaghettiähnliches Fruchtfleisch)
- Riesenkürbis 'Big Max' (orange, sehr groß)
- Minikürbis 'Jack be Little' (orange, 10 cm)
- Minikürbis 'Sweet Dumpling' (weiß mit grünen Streifen, süß)

Paprika und Peperoni *(Capsicum annuum)* Es gibt Paprika mit einer nahezu eckigen Form und sogar Sorten mit sehr langen, spitzen Früchten. Letztere haben meistens einen süßeren Geschmack. Die Früchte können weiß, gelb, orange, violett oder rot sein. Peperoni gibt es in unterschiedlichen Formen und Farben, der Geschmack variiert von würzig bis sehr scharf. Paprika und Peperoni (Gewürzpaprika) gehören zur selben Gattung und werden auf die gleiche Weise kultiviert.

Fruchtgemüse

Paprika & Peperoni

Paprika 'Sweet Banana'

Ernten

Paprika und Peperoni können gepflückt werden, wenn sie noch grün sind, aber auch, wenn sie bereits Farbe bekommen haben. Manche Früchte färben noch nach, wenn sie grün geerntet wurden. Mini-Sorten tragen sehr kleine Früchte, also rechtzeitig pflücken. Peperoni können gut getrocknet werden. Paprika und Peperoni enthalten Vitamin C und verschiedene Mineralien.

- **BILD LINKS** Paprika in einem Kunststoffsack (von Blumenerde)
- **BILD RECHTS** Peperoni ernten

Tipps zur Anzucht

Ende März bis Anfang April kann auf einer warmen Fensterbank mit den Anzucht begonnen werden; die jungen Pflanzen werden Ende April im Gewächshaus ausgepflanzt. Pflanzen, die ins Freiland müssen, sollten langsam abgehärtet und Ende Mai gesetzt werden. Paprika und Peperoni lieben die Wärme, deshalb werden sie meistens in einem Gewächshaus oder unter einem Folientunnel kultiviert. In einem warmen Sommer kann man aber auch draußen eine gute Ernte erzielen. Die Pflanzen benötigen einen warmen, fruchtbaren Boden und während des Wachstums Dünger. Die hohen Sorten brauchen eine Stange oder einen Draht als Stütze. Wenn eine Paprikapflanze richtig geschnitten wird, kann man mit einem guten Fruchtansatz rechnen. Man lässt am besten nur drei bis vier Triebe stehen und knipst die restlichen ab . Bei Peperoni ist Schneiden meist nicht nötig.

Empfohlene Sorten

- Paprika 'Merit' (grün, reifend nach rot)
- Paprika 'Goldflame' (gelb)
- Paprika 'Ariane' (orange)
- Paprika 'Purple Beauty' (violett)
- Paprika 'Sweet Banana', (gelbe, spitze Früchte)
- Minipaprika 'Minibell' (kleine Früchte, Farbmischung)
- Tomatenpaprika 'Topboy' (runde, gelbe Frucht)
- Peperoni 'Madame Jeanette', 'Homera' (sehr scharf)
- Peperoni 'Hungarian Hot Wax' (groß und rot, nicht sehr scharf)
- Chili 'Yellow Cayenne' (gelb, scharf, selten), 'Cayenne long slim'

Praktisches

- **Aussaat** März bis April
- **Pflanzabstand** 30 × 30 cm, 60 × 60 cm (hohe Sorten)
- **Kulturdauer** 90 Tage
- **Mischkultur** Gruppe B
- **Vorkultur** Kohlrabi, Radieschen, Spinat
- **Kombinieren** entfällt
- **Nachkultur** entfällt
- **Ernte** Juli bis September

Kulinarisches

Paprika-Rahmsuppe mit Dill, Weißwein und Sahne. Bunter Paprikasalat aus verschiedenfarbigen Früchten mit Mais, Estragon und Dill. Püree aus gegrilltem Paprika mit Lauchzwiebeln, einer Peperoni und Knoblauch als Nudelsauce oder Dip.

Aubergine *(Solanum melongena)* Die Auberginenpflanze mit den glänzend violetten Früchten stammt aus Indien. Die Wildform hat kleine weiße Früchte wie Eier, weshalb die Pflanze auch Eierpflanze genannt wird. Es gibt auch Sorten mit langen, schmalen Früchten.

Aubergine

Fruchtgemüse

Tipps zur Anzucht

Auberginen benötigen viel Wärme, um sich gut entwickeln zu können, daher empfiehlt sich die Kultur im Gewächshaus. Ab Ende Februar kann dort mit der Aussaat begonnen werden. Im Gartencenter werden im Mai auch oft Jungpflanzen angeboten. Ab Mitte Mai ins Gewächshaus oder in den Folientunnel setzen, wenn der Boden sich bis mindestens 16 °C aufgewärmt hat. Die Pflanze braucht einen lockeren, humosen Boden, der viel Nährstoffe enthält, ein stabiler Kunststoffsack (zum Beispiel von Blumenerden) ist auch geeignet. Die Triebe benötigen eine Stütze, zum Beispiel einen Holzstock oder Draht. Achten Sie darauf, dass die Erde an den Wurzeln nicht austrocknet. Die ersten Seitentriebe werden entfernt, bis zuletzt drei Haupttriebe übrig bleiben. Wenn mehrere Blüten in Gruppen erscheinen, wird nur eine belassen. Man sollte nicht mehr als vier Auberginen pro Pflanze erwarten.

Praktisches

- **Aussaat** Februar bis März
- **Pflanzabstand** 30 × 30 cm, 60 × 60 cm (hohe Sorten)
- **Kulturdauer** 130 bis 160 Tage
- **Mischkultur** Gruppe B
- **Vorkultur** Radieschen, Spinat, Salat
- **Kombinieren** entfällt
- **Nachkultur** entfällt
- **Erntezeit** August bis September

Ernten

Wenn die Schale der Auberginen leicht stumpf wird und die Frucht sich hart anfühlt, ist sie erntereif. Man sollte sie nicht zu früh pflücken, da noch Giftstoffe enthalten sein können. Die Ernte sollte regelmäßig erfolgen, bei jungen Früchten müssen die verwelkten Blütenblätter entfernt werden, um Fäulnis zu vermeiden. Die Früchte werden gekocht oder gebraten gegessen. Sie enthalten Mineralien (Kalium und Kalzium) sowie Vitamin B und C.

Empfohlene Sorten

- 'Solara' (violett, starke Sorte)
- 'Madonna' (länglich-oval, für Topf und Freiland)
- 'Black Beauty' (violett, früh)
- 'Rosa Bianca' (weiß mit lila Streifen)
- 'Casper' (weiß)

Kulinarisches

Dicke Auberginenscheiben in Olivenöl braten und mit Kräutern und Knoblauch abschmecken. Auberginenauflauf mit Tomaten, Peperoni und Koriander, serviert mit Nudeln. Toast mit gebratenen Auberginen, süßer Paprika, Zwiebeln und Käse.

Aubergine 'Rosa Bianca', oben die Blüte und unten die Frucht

Zuckermais *(Zea mays)* Mais stammt aus Mittelamerika und ist dort schon seit Langem Grundnahrungsmittel. Inzwischen gibt es extra süße Sorten, die jung geerntet werden können: Zuckermais. Die Körner können verschiedene Farben haben, wie weiß, gelb oder rot. Mais ist eine einjährige Pflanze mit sowohl männlichen als auch weiblichen Blüten an einer Pflanze.

Zuckermais

Zuckermais

Fruchtgemüse

Tipps zur Anzucht

Mais wird in Töpfchen bei 10 bis 15 °C gesät, man kann dazu aber auch Klopapierrollen verwenden. Ende April werden die Sämlinge abgehärtet, bevor sie Mitte Mai ins Freiland an einen sonnigen Platz gesetzt werden. Man sollte sie vorzugweise in Blöcken oder Doppelreihen pflanzen, damit die Bestäubung durch den Wind gefördert wird. Der Boden sollte vor dem Pflanzen gründlich gelockert und mit Kompost und einem phosphathaltigen Dünger angereichert werden. Während des Wachstums wird zusätzlich Stickstoff gegeben und dafür gesorgt, dass die Erde nicht austrocknet; Seitentriebe regelmäßig entfernen.

Praktisches

- **Aussaat** Anfang bis Mitte April
- **Pflanzabstand** 70 cm (Reihe), 20 cm (Pflanze)
- **Kulturdauer** 180 Tage
- **Mischkultur** Gruppe A
- **Vorkultur** Radieschen oder Spinat
- **Kombinieren** mit Frühkartoffeln, Buschbohnen, Zucchini
- **Nachkultur** entfällt
- **Erntezeit** August bis September

Empfohlene Sorten

- Zuckermais 'Tasty Sweet' (sehr süß)
- Zuckermais 'Bicolor' (gelbe und weiße Körner)
- Zuckermais 'Blue Jade' (blaue Körner)
- Zuckermais 'Silver Dew' (weiße Körner)
- Zuckermais 'Starlite' (gelb-weiß gemischt)
- Zuckermais 'Golden Midget' (Zwergform)
- Zuckermais 'Minor' (Minikolben)

Ernten

Eine Pflanze wird maximal zwei Kolben tragen. Wenn die „Haare" am Kolben sich schwarz verfärben und weißer Saft aus den Körnern tritt, kann er geerntet werden. Zuckermais wird immer gekocht gegessen; es ist herrlich, die süßen Körner vom Kolben zu beißen. Dieser sollte direkt nach der Ernte verarbeitet werden, denn die Körner verlieren rasch ihre Süße. Man kann die einzelnen Maiskörner auch rösten. Sie enthalten Karotin, Vitamin B und C und Kohlehydrate.

Sämlinge von Mais in Klorollen

Artischocke (*Cynara scolymus*)

Bei diesem weniger bekannten Gemüse dreht sich alles um die Blütenköpfe. Die unteren, fleischigen Teile der Hüllblätter sowie der Blütenboden können gekocht und gegessen werden, meistens mit einem Dip. Eine Delikatesse! Die Artischocke ist ein Distelgewächs aus dem Mittelmeerraum, das nur an einem sonnigen, geschützten Standort ausreichend große Köpfe ausbilden wird.

Tipps zur Anzucht

Die Artischocke kann gesät werden, aber es geht etwas schneller, wenn man im Frühling eine Pflanze (Wurzelableger) kauft. Sie beansprucht viel Platz und kann einige Jahre am selben Standort stehen bleiben, weshalb sie sich auch für die Pflanzung in einem Blumenbeet eignet. Artischocken werden nach drei bis fünf Jahren verjüngt, indem im Frühjahr Wurzelableger genommen werden. Sie gedeihen am besten in warmem, fruchtbarem Boden mit ausreichendem Kalkgehalt. Die Erde kann jährlich mit einer Mulchschicht aus Kompost verbessert werden. Bei Frost benötigt die Pflanze Schutz durch Nadelzweige oder eine Laubschicht.

Empfohlene Sorten

- 'Orlando'
- 'Green Globe'
- 'Imperial Star' (einjährige Kultur)
- 'Violet de Provence' (violett)

Kulinarisches

Vorspeise mit Estragon-Mayonaise. Lauwarmer Salat aus Artischockenböden, Erbsen, Prinzessbohnen, getrockneten Tomaten und Frühlingszwiebeln. Gekochte Kardystiele in einer Kräuter-Sahnesauce mit Nudeln.

Ernten

Die Blüten der Artischocke sind sehr hübsch, aber wenn Sie die Artischocke essen möchten, müssen die Köpfe vor der Blüte geerntet werden. Man schneidet die Köpfe mit einem Stück Stiel ab. Der Kopf kann beispielsweise auf den Rand der Arbeitsplatte geschlagen werden, um den Stielansatz samt Fäden zu entfernen. Die Köpfe werden dann je nach Größe 30 bis 50 Minuten gekocht. Artischocken enthalten unter anderem Eiweiß, Kalzium, Eisen, Karotin und Vitamin C.

Praktisches

- **Aussaat** März
- **Pflanzabstand** 1 × 1 m
- **Kulturdauer** mehrjährig
- **Mischkultur** entfällt
- **Vorkultur** entfällt
- **Kombinieren** viele Möglichkeiten
- **Nachkultur** entfällt
- **Erntezeit** August bis September

Kardy

Die Kardy (*Cynara cardunculus*) ist vermutlich ein Vorfahre der Artischocke und wird auch Wilde Artischocke genannt. Es werden die gebleichten, fleischigen Blattstiele gegessen. Die Kardy wird ab Ende März in Töpfen, im Gewächshaus oder auf der Fensterbank vorgezogen. Im Mai ins Freiland auf 80 × 80 cm in nährstoffreichen Boden an einen sonnigen Standort pflanzen. Ab Mitte August kann mit dem Bleichen begonnen werden: Man verwendet einen Bleichtopf oder bindet schwarze Folie um die Stiele (siehe Seite 101). Nach drei Wochen können die Stiele geerntet, etwas geschält und gekocht werden.

Bleichgemüse Bei manchen Pflanzen schmecken die Blätter besser und zarter, wenn sie eine Weile gebleicht werden. Das wurde eigentlich per Zufall entdeckt, weil Erde über die Blätter geworfen wurde, wie das bisweilen geschieht, wenn Löwenzahn durch einen Maulwurfshügel verdeckt wird. Das bekannteste gebleichte Gemüse ist der Spargel. Chicorée wird in größerem Umfang kultiviert, und auch der Bleichsellerie ist sehr beliebt. Chicorée *(Chicorium intybus)* ist der im Dunkeln kultivierte Trieb aus den Wurzeln der Zichorie. Die Anzucht von Chicorée wird meistens dem Profi überlassen. Die gebleichten Blätter des Löwenzahns *(Taraxacum officinale)* werden manchmal als frisches Frühlingsgemüse angeboten. Vom Meerkohl *(Crambe maritima)* werden die jungen Triebe wie bei Spargeln angehäufelt. Auch die jungen Triebe von Schwarzwurzeln, Kardy und Rhabarber können gebleicht werden. Durch den Bleichvorgang wird der Pflanze viel Energie entzogen, weshalb nie länger als einige Monate hintereinander „gebleicht" wird. Danach sollte die Pflanze wieder normale grüne Blätter bilden können.

Bleichgemüse

Spargel

Spargel *(Asparagus officinalis)* gedeiht nahezu auf allen Böden; sie sollten jedoch kalkhaltig sein und der Grundwasserspiegel muss mindestens 80 cm unter der Erde liegen. Die Erde, mit der die Spargelpflanzen bedeckt werden, sollte allerdings leicht sein, denn sonst werden die Spargel krumm. Spargel wird meistens im Frühjahr gepflanzt, kann jedoch auch im April gesät werden. Einjährige Pflanzen brauchen jeweils einen Abstand von 40 cm, die Reihen einen Abstand von 1,50 m. Man pflanzt den Spargel in eine 30 cm tiefe Rinne, in der kräftig Kompost und alter Stalldung untergemischt wurde. Die Wurzeln werden mit 5 cm Erde bedeckt, und im Laufe des Sommers wird die Rinne nach und nach zu einem Damm aufgefüllt. In diesem Jahr gibt es noch keine Ernte. Im Dezember wird das Laub abgeschnitten. Im Frühjahr wird erneut 30 bis 40 cm Erde aufgebracht, die Dämme angeschrägt und die Oberseite abgeflacht. Ab Ende April erscheinen die ersten Spargelspitzen, dann kann bis zum 24. Juni geerntet werden. Der blasse Trieb muss behutsam mit einem Messer oder einer Handschaufel gestochen werden. Nach der Ernte wird das Beet wieder flach gemacht. Spargel kann über Jahre hinweg auf diese Weise angebaut werden. Grüner Spargel wird nicht gebleicht, die Triebe werden einfach so geschnitten.

Bleichsellerie

Bleichsellerie *(Apium graveolens* var. *dulce)* wird in lockerer, humoser Erde mit ausreichend Nährstoffen kultiviert. Die Erde darf nie austrocknen. Die Pflanzen werden Anfang April in Saatschalen ausgesät und danach in Töpfchen pikiert. Ab Mitte Juni werden sie ins Freiland in 15 bis 20 cm tiefe Rinnen gesetzt, die im Laufe des Sommers allmählich aufgefüllt werden. Bleichen mit schwarzer Plastikfolie ist ebenfalls möglich. Es gibt auch selbstbleichende Sorten, deren Stängel von sich aus mehr oder weniger blass bleiben. Im September kann geerntet werden.

- **BILD OBEN** Sellerie kann gebleicht werden, indem er in Rinnen gesetzt wird, die nach und nach mit Erde aufgefüllt werden.
- **BILD UNTEN** Die Stiele von Meerkohl kann man bleichen, indem ein Bleichtopf darübergestülpt wird.

- **BILD OBEN** Stiele können auch mit einer Manschette aus schwarzer Kunststofffolie gebleicht werden, wie hier bei der Kardy.
- **BILD UNTEN** Die Triebe von Spargel bleiben ganz weiß, weil sie von einem kleinen Erdhügel bedeckt sind.

Obst, Kräuter

& Blumen

Erdbeere

Obst

Erdbeere *(Fragaria* x *ananassa)* Die Erdbeere ist eine der beliebtesten Früchte, vor allem bei Kindern. Es gibt frühe, mittelfrühe und späte Sorten. Auch Monatserdbeeren, die über einen längeren Zeitraum hinweg geerntet werden können, sind im Handel. Die Walderdbeere *(Fragaria vesca)* bildet sehr kleine, äußerst wohlschmeckende Früchte und ist leichter zu kultivieren als die großfruchtigen Arten. Erdbeeren sind robuste Stauden, die lange Triebe bilden, an denen neue Pflanzen entstehen.

Tipps zur Anzucht

Erdbeeren gedeihen gut in humosem, fruchtbarem und nicht zu trockenem Boden, der jedoch im Winter auch nicht zu nass werden darf. Gedüngt wird im Frühjahr mit organischem Mischdünger, gegebenenfalls ergänzt durch etwas Kalium. Man sollte bei der Düngung nicht zu viel Stickstoff verwenden, dies bewirkt einen wässrigen Geschmack. Mulchen ist empfehlenswert, weil dadurch die Erde nicht so rasch austrocknet und die Früchte vor Fäulnis geschützt sind. Beim Pflanzen kann man bei etwas erhöhten Beeten schwarze Folie auflegen oder Stroh zwischen die Pflanzen legen, wenn die Früchte heranreifen. Bei Monatserdbeeren werden bei der ersten Ernte alle Erdbeeren, eventuelle Blüten und Ausläufer entfernt, um die Bildung neuer Blüten anzuregen. Für eine frühe Ernte können Erdbeeren im Folientunnel kultiviert werden. Einige Wochen nach dem letzten Pflücken werden die Blätter der Erdbeere braun und hässlich. Dann wird die Pflanze mit der Heckenschere, bis auf einige junge Triebe im Herzen der Pflanze, abgeschnitten. Die Pflanzen bleiben zumeist zwei Jahre am selben Standort, danach wird ein frisches Beet mit jungen Pflanzen (Trieben) an einem anderen Platz angelegt. Man braucht sich nicht um Mischkultur zu kümmern. Die kleinfruchtigen Sorten können im März ausgesät werden, jedoch werden Erdbeeren in der Regel durch Ausläufer vermehrt. Man lässt dazu die Kindel zunächst Wurzeln bilden, bevor sie im August bis September von der Mutterpflanze abgenommen und an der gewünschten Stelle eingepflanzt werden. Erdbeeren können auch in Töpfen und Kübel kultiviert werden. Die Pflanzen werden an einem kühlen, frostfreien Platz überwintert.

Ernten

Die Erdbeeren schmecken am besten, wenn sie an der Pflanze heranreifen – also regelmäßig pflücken. Die Früchte sind nicht lange haltbar, deshalb werden sie am besten gleich gegessen oder zu Konfitüre oder Eis verarbeitet. Ohne den Schutz von Netzen werden die Vögel die Ernte für Sie übernehmen. Es ist praktisch, Tunnel mit feinmaschigen Netzen über die Pflanzen zu spannen (Bild Seite 107). Bei feuchter Witterung können die Früchte faulen. Erdbeeren enthalten unter anderem Kalzium, Phosphor sowie Vitamin B und C.

Kulinarisches

Pralinen aus in flüssige Schokolade getauchte Erdbeeren. Crêpe mit Erdbeeren, Johannisbeergelee und Mandeln. Erdbeersuppe (gekochte und gesiebte Erdbeeren mit Zucker und Zitronensaft) mit Vanillerahm.

- OBEN LINKS Erdbeeren gedeihen gut im Topf
- MITTE Walderdbeeren pflücken
- UNTEN Erdbeeren im Frühbeet für eine zeitige Ernte
- OBEN RECHTS UND UNTEN RECHTS Erdbeeren schmecken einfach am besten!

Praktisches

- **Aussaat** März
- **Pflanzabstand** 20 bis 30 cm (Pflanze), 60 cm (Reihe)
- **Kulturdauer** abhängig von der Pflanzzeit
- **Mischkultur** entfällt
- **Vorkultur** Kartoffeln, Salat, Mangold, Radieschen
- **Kombinieren** mit Buschbohnen, Knoblauch, Salat, Spinat, Zwiebeln
- **Nachkultur** entfällt
- **Erntezeit** Juni bis September

Empfohlene Sorten

- Erdbeer 'Ostara' (Monatserdbeere)
- Erdbeere 'Elvira' (früh)
- Erdbeere 'Karan' (Topfkultur)
- Erdbeere 'Tenira', 'Korona' (mittelfrüh)
- Erdbeere 'Sarian' (Aussaat, süß)
- Erdbeere 'Symphony' (spät)
- Walderdbeere 'Alexandria' (klein, rot)
- Walderdbeere 'Yellow Wonder' (klein, gelb)

Rote Stachelbeere

Rote Johannisbeere,

Rote Johannisbeere, Schwarze Johannisbeere und Stachelbeere *(Ribes)* Zur Gattung *Ribes* gehören verschiedene Arten, die köstliche Beeren tragen, wie Rote Johannisbeere *(Ribes rubrum)*, Schwarze Johannisbeere *(Ribes nigrum)* und Stachelbeere *(Ribes uva-crispa)*. Es gibt auch weiße Johannisbeeren, sowie grüne, gelbe und rote Stachelbeeren.

Tipps zur Anzucht

Diese Sträucher sind nicht so anspruchsvoll, was den Boden anbelangt, allerdings sollte ausreichend Kali vorhanden sein. Sie brauchen einen sonnigen Standort. Die Sträucher werden gepflanzt, wenn das Laub gefallen ist, ab Ende Oktober bis Ende März bei frostfreier Witterung, etwa eineinhalb Meter auseinander. Das Pflanzloch sollte groß genug sein, die Erde wird mit Stalldünger oder Kompost verbessert. Reichlich angießen. Bei Johannisbeeren und Stachelbeeren kann durch einen Rückschnitt ein größerer Ertrag erzielt werden. Man kann zwischen Strauchform, Hochstamm oder Spalier wählen. Ein Strauch wird mit etwa acht Zweigen gezogen, die buschig wachsen. Für einen Hochstamm werden alle Seitentriebe am Haupttrieb bis etwa einen Meter Höhe über dem Boden abgeschnitten, nur sechs Zweige bleiben stehen. Eine feste Stütze anbringen. Ein Spalier kann an einer Mauer entlang oder an Drähten gezogen werden. Man beginnt mit einem Trieb, der 30 bis 60 cm über dem Boden abgeschnitten wird. Im Frühjahr lässt man zwei Seitentriebe wachsen. Diese drei Triebe werden im Herbst auf 25 cm zurückgeschnitten. Der Vorgang wird wiederholt, bis sich vier Ebenen gebildet haben. Oder man behält zwei oder drei durchgehende Zweige. So bekommt man an einem Draht eine schmale Hecke . Für alle Formen gilt, dass nach der Ernte die Seitenzweige auf fünf Blätter zurückgeschnitten werden. Nach drei Jahren werden die Seitenzweige ganz weggeschnitten, so dass sich neue Triebe bilden. Bei Schwarzen Johannisbeeren wird nach dem Pflanzen alles oberhalb von 10 cm abgeschnitten. Zweige, die älter sind als 3 Jahre, werden ganz abgeschnitten, die jungen Triebe bleiben erhalten, denn daran bilden sich im nächsten Jahr die Früchte.

Schwarze Johannisbeere

Schwarze Johannisbeere & Stachelbeere

Rote Johannisbeere

Ernten

Rote Johannisbeeren sind köstlich, wenn man sie direkt vom Strauch isst; Schwarze Johannisbeeren werden meistens zu Konfitüre verarbeitet und bilden die Grundlage von „Cassis". Bei Stachelbeeren geht es um den Inhalt der Beere. Die dicke Schale wird meistens nicht gegessen, kann aber bei der Verarbeitung zu Konfitüren und Ähnlichem durchaus verwertet werden. Die Beeren enthalten unter anderem Kalzium, Eisen und viel Vitamin C.

Kulinarisches

Johannisbeer-Orangen-Gelee mit Minze. Stachelbeersuppe mit Zitronensaft und Rotwein, als Dessert serviert mit Baisergebäck. Stachelbeerchutney mit Zwiebeln, frischem Ingwer, Curry und Essig. Cassisbowle aus Schwarzen Johannisbeeren mit weißem Sekt und Crème de Cassis.

Empfohlene Sorten

- Rote Johannisbeere 'Jonkheer van Tets' (früh), 'Rovada'
- Johannisbeere 'Werdavia', 'Primus' (weiß)
- Schwarze Johannisbeere 'Ben Nevis', 'Ometa', 'Titania'
- Schwarze Johannisbeere 'Boskoop Giant', 'Bona' (große Beere)
- Rote Stachelbeere 'Rolonda' (früh), 'Hinnonmaki Röd' (spät)
- Stachelbeere 'Reflamba' (weißgrün, mittelspät)

Himbeere

Himbeere, Brombeere Japanische Weinbeere

Himbeere, Brombeere und Japanische Weinbeere *(Rubus)* Brombeeren *(Rubus fruticosus)* und Himbeeren *(Rubus idaeus)* gehören zum Sommer; das zarte Obst mit dem köstlichen Geschmack. Es gibt moderne stachellose Sorten, die einen größeren Ertrag bringen. Zudem gibt es verschiedene Kreuzungen zwischen Brombeere und Himbeere. Die Japanische Weinbeere *(Rubus phoenicolasius)* ist weniger bekannt, aber mindestens genauso lecker und sehr leicht zu kultivieren.

Tipps zur Anzucht

Die Sträucher sind recht genügsam, was den Boden anbelangt, aber einen vollsonnigen Standort möchten sie schon. Von einer Düngung sollte sogar abgeraten werden, denn vor allem Brombeeren wachsen ohnehin recht üppig. Die Pflanzen werden von Ende Oktober bis Ende März gepflanzt (wenn keine Frostgefahr herrscht) und sogleich auf 30 cm über dem Boden abgeschnitten. Sie können als Solitärsträucher kultiviert werden oder in Reihen vor einer Hecke. Feste Stöcke werden in den Boden geschlagen, die etwa 1,50 m (Himbeeren) bis 2 m (Bromberen) aus dem Boden ragen und zwischen denen drei feste Drähte gespannt werden. Die Reihen sollten vorzugsweise in Nord-Süd-Richtung verlaufen. Die Himbeeren benötigen jeweils einen Abstand von 30 cm, starkwüchsige Brombeeren können bis zu 4 m voneinander gepflanzt werden. Für die Kultur der Japanische Weinbeeren ist auch ein großer Kübel geeignet. Diese Beerensträucher sind sehr anspruchslos, müssen aber richtig

Die langen Triebe einer Brombeere werden an Drähte gebunden.

geschnitten werden: Aus dem Boden wachsen jedes Jahr neue Triebe, an denen im Jahr darauf die Früchte erscheinen. Danach sterben die Zweige ab. Die neuen Triebe werden an die Drähte gebunden; etwa zehn Triebe pro Meter bei den Himbeeren und sechs Triebe bei den Brombeeren (fächerförmig). Ende September werden alle Triebe, die Früchte getragen und meistens eine braune Farbe haben, unmittelbar über dem Boden herausgeschnitten. Ende Februar müssen die neuen Triebe etwa über dem obersten Draht geköpft werden. Bei den Himbeeren unterscheidet man zwischen Sommerhimbeeren (Ernte Juni bis Juli) und Herbsthimbeeren (Ernte September bis Oktober). Bei den Sommerhimbeeren wird unmittelbar nach der Ernte das alte Holz abgeschnitten, bei Herbsthimbeeren geschieht das im zeitigen Frühling. Die Japanische Weinbeere trägt auch üppig ohne Rückschnitt. Schutz vor Vögeln ist empfehlenswert, obwohl sie meistens nicht so recht auf Himbeeren und Japanische Weinbeeren zu fliegen scheinen.

Ernten

Wenn die Früchte vollständig und kräftig gefärbt sind, können sie geerntet werden, das heisst Juni bis Juli für Himbeeren und August bis September für Brombeeren, Herbsthimbeeren sogar bis in den Oktober. Die Japanische Weinbeere reift ab Ende Juli heran. Die Früchte sollten sofort verarbeitet werden, speziell Himbeeren sind schlecht haltbar; kontrollieren Sie diese auf Larven des Himbeerkäfers (weiße „Würmchen"). Himbeeren und Brombeeren enthalten Mineralien, aber vor allem Vitamin C.

Japanische Weinbeere

Kulinarisches

Limonade aus Himbeeren und Brombeeren: Obst und Zucker zu gleichen Teilen, pro Kilo Obst einen Liter Wasser, kochen und abseihen. Brombeerdessert aus frischen Brombeeren mit Zimtsahne und Löffelbiskuit. Himbeer-Brombeer-Eis (siehe Seite 111). Milchreis vermengt mit Sahne, Vanille und Zitrone, dazu Japanische Weinbeeren.

Empfohlene Sorten

- Brombeere 'Loch Ness' (Sommer)
- Brombeere 'Thornless Evergreen' (dornenlos)
- Himbeere 'Glen Ample' (Sommer)
- Himbeere 'Autumn Bliss' (Herbst)
- Himbeere 'Golden Everest' (gelbe Früchte, Sommer)
- Himbeere 'Fallgold', 'Golden Bliss' (gelbe Früchte, Herbst)
- Kreuzung aus Brombeere-Himbeere 'Tayberry'

3 Kochbirnen
75 g Rosinen
1/4 Flasche Rotwein
200 g Zucker
Zimtstange
Orangenschale
300 g Mehl
50 g brauner Zucker
175 g kalte Butter
2 Eigelb
Salz
3 Äpfel
1 Päckchen Vanillezucker
3 Esslöffel Gries
1 Teelöffel Zimt
Springform ø 22 cm

Apfel-Birnen-Kuchen

Die Birnen schälen und würfeln. Die Rosinen waschen und zusammen mit den Birnen im Rotwein mit 50 g Zucker, einer Zimtstange und geriebener Orangenschale bei niedriger Hitze bissfest kochen und abgießen. Einen Mürbeteig aus dem Mehl, 150 g Zucker, den Butterflöckchen, 1 Eigelb, 1 Esslöffel Wasser und einer Messerspitze Salz kneten. Die Äpfel schälen und würfeln und mit den Birnen und Rosinen vermischen. Das Ganze mit 50 g braunem Zucker, Vanillezucker, Gries und Zimt vermischen. Die eingefettete Backform mit zwei Dritteln des Teigs auslegen und das Apfelgemisch in die Form geben. Aus dem Rest des Teigs Streifen schneiden und gitterförmig über den Kuchen legen. Bei 200 °C etwa 95 Minuten backen.

Rhabarber-Traum

Den Rhabarber zusammen mit den Erdbeeren und dem Zucker zehn Minuten kochen, bis der Rhabarber zerfällt. Danach abkühlen lassen. Die Eiweiße und die Eigelbe trennen und die Eigelbe mit dem braunen Zucker schaumig rühren. Den Mascarpone unter die Eigelbmasse heben. Danach die Eiweiße steif schlagen und unter das Mascarponegemisch heben. In vier Gläser verteilen, abwechselnd eine Schicht Rhabarbermus und eine Schicht Mascarpone. Mit der weißen Schokolade bestreuen und mit einem Löffelbiskuit garnieren.

450 g Rhabarber
200 g Erdbeeren
50 g Zucker
3 Eier, Eigelb und Eiweiß getrennt
3 Esslöffel brauner Zucker
250 g Mascarpone
75 g weiße Schokolade, geraspelt
4 Löffelbiskuits

1 Vanillestange
500 ml Schlagsahne
4 Eigelbe
120 g Zucker
200 g Himbeeren
200 g Brombeeren
50 ml Naturjogurt

Himbeer-Brombeer-Eis

Die Vanillestange aufschneiden und etwa fünf Minuten mit der Sahne erwärmen. Die Eigelbe mit dem Zucker schaumig rühren. Die Vanillestange entfernen, die Eimischung unter die Sahne rühren und abkühlen lassen. Die Früchte waschen und grob pürieren. Den Früchtepüree zusammen mit dem Jogurt unter die Sahnemischung rühren. In die Eismaschine geben oder ins Gefrierfach oder die Gefriertruhe stellen und alle halbe Stunde umrühren.

100 ml Wasser
100 g Zucker
250 g Himbeeren
250 g Brombeeren
1 Esslöffel Zitronensaft

Himbeer-Brombeer-Sorbet

100 ml Wasser mit dem Zucker zum Kochen bringen und etwa fünf Minuten köcheln lassen. Danach abkühlen lassen. Die Früchte waschen und pürieren. Die Masse abseihen und unter den Zuckersirup rühren. Schließlich den Zitronensaft hinzugeben. In der Eismaschine zu Eis rühren oder die Mischung in einer Schüssel in die Tiefkühltruhe stellen und alle halbe Stunde umrühren. Auch praktisch für Stieleis.

Beerenbowle mit Zitronenmelisse

150 g Heidelbeeren
150 g Brombeeren
150 g Himbeeren
500 g Erdbeeren
40 g brauner Zucker
eine Handvoll Zitronenmelisseblätter
1 l Apfelsaft oder 1 Flasche süßen weißen Schaumwein

Die Früchte waschen, putzen und in eine große Schüssel geben. Mit dem braunen Zucker bestreuen und etwa eine Stunde ziehen lassen. Die Zitronenmelisse waschen und zu den Früchten geben. Danach mit dem Apfelsaft oder Wein übergießen und in schöne Gläser füllen.

Heidelbeere, Blaubeere & Kapstachelbeere

Heidelbeere, Blaubeere und Kapstachelbeere (*Vaccinium* und *Physalis*) Die Heidelbeere *(Vaccinium corymbosum)* ist ein bis zu zwei Meter hoher Strauch, der bei uns auch im Garten kultiviert werden kann. Im Frühjahr blüht die Heidelbeere mit attraktiven weißrosa Blüten, im Herbst beeindruckt sie mit ihrem Laub. Waldheidelbeeren oder Blaubeeren *(Vaccinium myrtillus)* wachsen an verschiedenen Orten noch wild, sind allerdings im Garten schwer zu kultivieren. Die Kapstachelbeere *(Physalis peruviana)* ist nicht so bekannt, kann jedoch leicht einjährig kultiviert werden und hat einen herrlichen „tropischen" Geschmack, der an Ananas erinnert. Die Früchte werden von dekorativen, papierartigen Hüllblättern in Form eines Lampion umschlossen.

Ernten

Wenn die Heildelbeeren sich satt blau verfärbt haben und sich weich anfühlen, können sie gepflückt werden. Die ersten Beeren sind im Juni reif, oft reifen noch welche im August. Sie können frisch gegessen werden, eignen sich aber auch hervorragend für Konfitüren. Die Beeren lassen sich auch sehr gut einfrieren. Die Kapstachelbeere wird gepflückt, wenn die Früchte leuchtend orangegelb und weich sind, meistens im August. Sie sind sehr lange haltbar und können frisch gegessen oder zu Konfitüre verarbeitet werden.

Tipps zur Anzucht

Die Heidelbeere kann ausgesät werden, aber es geht schneller, wenn man einen Strauch kauft und diesen im Frühling oder Herbst einpflanzt. Sie braucht ein großes Pflanzloch und einen Abstand von je 1,50 m. Heidelbeeren möchten einen sauren Boden, also sollte man ihn mit Gartentorf und Koniferenerde anreichern und ihnen einen sonnigen oder halbschattigen Standort geben. Der Boden darf recht feucht sein. Im Frühjahr wird mit einem Düngemittel ohne Kalium oder Kaliumsulfat gedüngt; eine Mulchschicht aus Kompost ist empfehlenswert. Wenn Sie versuchen möchten, Blaubeeren im Garten zu kultivieren, ist eine sehr saure, nährstoffarme Erde wichtig. Schatten wird gut vertragen. Bei beiden *Vaccinium*-Arten darf der Boden nicht austrocknen. Heidelbeeren brauchen nicht zurückgeschnitten zu werden; bei Blaubeeren sollte man sechs oder acht Zweige behalten. Die ältesten Zweige werden regelmäßig entfernt und die neuen Triebe herangezogen. Die Kapstachelbeere wird einjährig kultiviert; die Aussaat erfolgt im März bis April auf der warmen Fensterbank. Die Pflanzen werden ab Mitte Mai ins Freiland mit einem jeweiligen Abstand von 50 cm an einen warmen, sonnigen Standort gesetzt.

- **LINKE SEITE** Herbstfärbung der Blaubeere
- **RECHTE SEITE OBEN** Blüten der Blaubeere
- **RECHTE SEITE, LINKS UNTEN** Blaubeere
- **RECHTE SEITE, UNTEN RECHTS** Lampionblume, *Physalis alkekengi* var. *franchetii*

Noch mehr Kapstachelbeeren

Es gibt noch mehr *Physalis*-Arten. Die Früchte von *P. alkekengi* var. *franchettii* sind zwar nicht genießbar (sogar giftig!), aber die Hüllblätter der Lampionblume färben sich im Herbst leuchtend orange. Sehr dekorativ in Kränzen oder als Tischschmuck. Diese Art wuchert allerdings! Auch Tomatillo gehört zu dieser Gattung (siehe Seite 87); die Kultur entspricht der Tomate.

Empfohlene Sorten

- Heidelbeere 'Berkeley' (schöne Herbsttönung)
- Heidelbeere 'Bluecrop' (hellblau, groß)
- Heidelbeere 'Darrow' (späte Reifung)
- Blaubeere *(Vaccinium myrtillus)*
- Kapstachelbeere *(Physalis peruviana)*

Tafeltraube

Obst

Kiwi, Tafeltraube & Feige

Feige

Kiwi, Traube und Feige Die Kiwi *(Actinidia deliciosa)* stammt ursprünglich aus China, wir können aber auch in unserem Klima schmackhafte Früchte ernten. Trauben *(Vitis vinifera)* und Feigen *(Ficus carica)* stammen aus dem Mittelmeerraum. Die Kultur dieser Pflanzen mit den besonderen Früchten ist zwar nicht einfach, aber für den versierten Hobbygärtner eine Herausforderung.

Tipps zur Anzucht

Die Kiwi ist eine Kletterpflanze, die bis zu neun Meter hoch klettern kann und am besten an einer Wand nach Südwesten, über eine Pergola oder an Drähten, geleitet wird. Ein Gewächshaus oder Wintergarten ist ebenfalls geeignet; in jedem Fall ist ein geschützter, sonniger Standort mit nährstoffreichem, humosem und recht saurem Boden erforderlich. Die meisten Sorten sind zweihäusig: Männliche und weibliche Blüten wachsen an unterschiedlichen Pflanzen (erst vier bis fünf Jahre nach der Pflanzung!). Für die Befruchtung ist es also erforderlich, eine männliche und weibliche Pflanze unweit voneinander zu setzen. Es gibt auch selbstfruchtende Sorten. Die Triebe werden geköpft, wenn sie zu lang werden. Alle Seitenzweige werden auf fünf Blätter zurückgeschnitten. Die weibliche Pflanze kann auch zur Palmette geschnitten werden: Im Dezember bis Januar (bei frostfreier Witterung) den Hauptzweig auf einen Meter zurückschneiden, so dass später drei Triebe entstehen. Einer davon wird hochgeleitet und zwei horizontal; bei letzteren beiden werden alle Seitentriebe wiederum auf fünf Blätter zurückgeschnitten. Den hochwachsenden Trieb können Sie wieder zurückschneiden, um auf diese Weise eine zweite Ebene zu bilden. Die Früchte sind erst im dritten Jahr zu erwarten. Nach der Ernte wird auf zwei Augen über der letzten Frucht zurückgeschnitten. Vor starkem Frost schützen. Trauben wachsen gut in durchlässiger Erde. Bei diesen Kletterpflanzen werden einige lange, horizontal geführte Reben behalten. Um Weihnachten herum werden alle Seitentriebe auf zwei Augen zurückgeschnitten; im Sommer alle Zweige über dem Blatt nach der zweiten Traube. Man kann auch eine Palmette wie bei der Kiwi schneiden. Die Feige kann als Strauch oder als Spalier kultiviert werden. Dieser dekorative Strauch eignet sich auch sehr gut als Kübelpflanze. Wer noch mehr über die Schnittformen von Kiwi, Weinrebe und Feige wissen möchte, sollte entsprechende Fachliteratur zu Rate ziehen (S. 159).

- **OBEN** Eine Traube im Kübel, an einer Kletterhilfe
- **UNTEN LINKS** Kiwi
- **MITTE** Selbst angebaute Tafeltrauben
- **OBEN RECHTS** Noch unreife Feigen am Strauch
- **UNTEN RECHTS** Ein Feigenstrauch im Topf

Ernten

Kiwi werden sehr spät reif, je nach Witterung. Erst Ende Oktober (vor den ersten Nachtfrösten) kann man sie pflücken. Aber die Früchte müssen danach im Haus noch mindestens einen Monat nachreifen. Trauben reifen meistens ab Mitte August. Man sollte nur Trauben mit reifen Früchten pflücken. Bei der Feige werden die Früchte erst im Spätsommer gebildet; im Jahr darauf kann man die reifen Früchte im Sommer oder Herbst ernten.

Empfohlene Sorten

- Kiwi 'Hayward', 'Starella' (weiblich)
- Kiwi 'Jenny' (selbstfruchtbar)
- Kiwi 'Matua', 'Tomuri' (männlich)
- Blaue Tafeltraube 'Boskoop Glory', 'Muscat bleu', 'Rondo'
- Weiße Tafeltraube 'Himrod' (kernlos) 'Glenora', 'Bianca'
- Feige 'Brown Turkey' (braune Frucht)
- Feige 'Brogiotto Nero' (blauviolette Frucht)

Einfache Obstsorten

Wenn Sie mit wenig Aufwand viel Obst im Garten haben möchten, versuchen Sie es doch mal mit europäischen Sträuchern und Bäumen, wie Felsenbirne *(Amelanchier)*, Holunder *(Sambucus)*, Apfelbeere *(Aronia)*, Mispel *(Mespilus)* und Hagebutten *(Rosa)*. Die Ernte ist vielleicht etwas weniger spektakulär, aber diese Sträucher brauchen kaum Pflege. Außerdem werden die Vögel Ihnen für die Pflanzung dieser Arten danken.

Apfel, Birne, Kirsche, Pflaume,

Apfel 'Fiji'

Obstbäume Ein paar Obstbäume machen den Gemüsegarten komplett: Apfelbaum *(Malus domestica)*, Birnbaum *(Pyrus domestica)*, Nashi *(Pyrus pyrifolia)*, Süßkirsche *(Prunus avium)*, Pflaumen/Zwetschenbaum *(Prunus domestica)* oder Walnussbaum *(Juglans regia)* sorgen körbeweise für Früchte im Spätsommer und im Herbst.

Tipps zur Anzucht

Obstbäume gedeihen in nahezu jedem nicht zu feuchten Boden. Man wähle einen sonnigen, geschützten Standort und sollte berücksichtigen, dass der Baum mit der Zeit sehr groß werden kann. Wenn wenig Platz vorhanden ist, kann man sich auch für ein Spalier entscheiden (außer beim Nussbaum). Es gibt auch Sorten, die durch gezielten Rückschnitt klein bleiben und sogar in einem großen Topf gedeihen. Bevorzugen Sie auf alle Fälle immer Sorten mit guten Eigenschaften. Für die Befruchtung ist es meist nötig, zumindest zwei unterschiedliche Sorten zu pflanzen; der Züchter gibt Ihnen Auskunft, welche zusammenpassen. Vor allem bei Äpfel und Birnen gibt es viele verschiedene Sorten, die als Hochstamm, Niederstamm oder Spalier geeignet sind. Obstbäume und ihr Schnitt ist ein sehr umfassendes Thema. Wer sich genauer damit beschäftigen möchte, sollte hierzu spezielle Literatur zu Rate ziehen (S. 159).

Kulinarisches

Apfel-Birnen-Kuchen (Seite 110). Birnenkompott mit in Zucker eingelegtem Ingwer und Weißwein. Zwetschenkuchen mit Zuckermandelmasse und Rosinen. Mit Zwetschen gefüllte Nudeln, serviert mit Sauerrahm. Sahnewindbeutel mit warmer Kirschsauce. Früchte haltbar machen: Apfelchutney, Apfel-Birnen-Mus einfrieren, Kirschkonfitüre, Pflaumen/Zwetschen einkochen, Walnüsse in Honig.

Birne 'Packham'

Nuss

Blaue Pflaume

Ernten

Vögel mögen Obst ebenso gerne wie wir, aber mit Netzen können wir sie daran hindern, dass sie alle Früchte fressen. Äpfel, Birnen und Nashi (eine runde Birne) sind reif, wenn die Kerne sich braun verfärben, meistens im August bis September. Es gibt Sorten, die man am besten gleich isst (Sommeräpfel) und solche, die sich gut lagern lassen (Winteräpfel). Die meisten Süßkirschen reifen im Juni bis Juli, sie bekommen dann eine dunkelrote Farbe. Reife Pflaumen oder Zwetschen können im Juli gepflückt werden. Etwas unreife Früchte lassen sich noch zu Konfitüre verarbeiten. Bei der Walnuss fallen die grünen Schalen mit den reifen Nüssen im September bis Oktober alleine vom Baum. Die Nüsse lösen sich jetzt leicht von der Schale. Man sollte sie gut trocknen lassen, zum Beispiel auf einer ausgelegten Zeitung auf dem Dachboden.

Empfohlene Sorten

- Apfel 'Alkmene' (Sommersorte)
- Apfel 'Boskoop' (Wintersorte)
- Birne 'Gute Luise' (Sommersorte)
- Birne 'Conference' (Wintersorte)
- Nashi 'Hosui', 'Chojuro'
- Süßkirsche 'Oktavia', 'Burlat'
- Pflaume 'Victoria', 'Elena', 'Hanita' (Zwetsche)
- Walnuss 'Broadview', 'Weinheim'

Süßkirsche 'Oktavia'

Der Kräutergarten

Der Kräutergarten Kräuter verdienen auch einen Platz in unserem Gemüsegarten, weil sie oft verwendet werden, um verschiedene Gerichte abzuschmecken. Außerdem können sie den Geschmack von Gemüse positiv beeinflussen, wenn sie in deren Nachbarschaft gepflanzt werden. Zudem wehren sie Schädlinge ab oder ziehen sogar Nützlinge an. Es ist eine Herausforderung, in der Küche nach besonderen, vielleicht sogar ungewöhnlichen Kombinationen zu suchen, bei denen der Geschmack des verwendeten Gemüses erhalten oder gar verstärkt wird. Kräuter können auch wegen ihrer Heilwirkung kultiviert werden, die sie in verschiedenen Anwendungen entfalten. Außerdem sind sie einfach hübsch, und die meisten Arten verströmen einen herrlichen Duft.

Kräuter selber anbauen

Die meisten Kräuter können problemlos kultiviert werden. Rosmarin, Salbei und Thymian stammen ursprünglich aus dem Mittelmeerraum und brauchen einen sonnigen Standort sowie einen relativ trockenen, gut durchlässigen Boden. Andere Kräuter, wie Schnittlauch, Kerbel und Petersilie, wachsen auch gut im Halbschatten. Man kann einen gesonderten Kräutergarten anlegen oder die Kräuter zwischen Gemüse setzen. Eine kleine sonnige Terrasse mit einem Kräuterrand reicht bisweilen schon aus, um viele verschiedene Kräuter zu kultivieren, auch in Töpfen. Man sollte die Kräuterecke vorzugsweise in der Nähe der Küche anlegen, damit man die Zweige und Blätter in Reichweite hat. Sogar eine Hängeampel bietet Platz für die wichtigsten Küchenkräuter.

König der Kräuter

Basilikum *(Ocimum basilicum)* nennt man auch den König der Küchenkräuter. Der besondere Duft und Geschmack wird von Feinschmeckern sehr geschätzt. Es gibt noch mehr zu entdecken als „normales" Basilikum aus dem Supermarkt. Dutzende unterschiedlicher Sorten, mit großen und kleinen Blättern, weißen oder violetten Blüten und mit einem Duft, der an Zitrone, Anis, Zimt oder gar Kampher erinnert, sind erhältlich. Basilikum wird einjährig kultiviert. Im zeitigen Frühjahr auf der warmen Fensterbank vorziehen und ab Ende Mai im Freiland an einen warmen Standort setzen oder vorzugsweise in einem Topf kultivieren. Reichlich gießen und regelmäßig Flüssigdünger verabreichen. Durch regelmäßiges Köpfen der Spitzen wird ein buschiger Wuchs angeregt.

Kräutergeschenk

Bei einem Besuch haben wir oft einen Blumenstrauß dabei, aber man kann auch einen Strauß selbst gepflückter Kräuter verschenken. Viele Kräuter wachsen üppig und lassen sich häufig beernten. Nehmen Sie vor allem duftende Kräuter, wie Rosmarin, Majoran und Salbei. Die Kräuter werden zu einem schönen Sträußchen zusammengebunden, in Papier gewickelt und fertig ist das essbare Geschenk.

- **OBEN** Ein kleiner Kräutergarten mit Terrasse, zwischen den Platten wächst Thymian.
- **MITTE** Ein Strauß frischen Rosmarins als Geschenk
- **UNTEN** Unterschiedliche Formen von Basilikum

Schnittlauch

Schnittlauch *(Allium schoenoprasum)* Eine Staude mit grasähnlichen, hohlen Stängeln und violetten Blüten. Wenn die Stängel im Sommer hässlich werden, können sie unmittelbar über dem Boden abgeschnitten werden, sie treiben dann wieder neu aus. Ernten kann man sie das ganze Jahr über. Aber nicht mitkochen. Schnittlauch Mitte März im Freiland aussäen oder Jungpflanzen kaufen. Vollsonniger oder halbschattiger Standort, nicht zu trockener Boden.

Schnittlauch

Zitronenverbene

(Aloysia triphylla) Ein kleiner Strauch mit schmalen, hellgrünen Blättern und kleinen weißen Blüten. Die Blätter riechen stark nach Zitrone, herrlich um einen Tee daraus zu bereiten, sowohl frisch als auch getrocknet. Ernten kann man im Frühjahr und im Sommer, im Winter werden die Blätter abgeworfen. Nicht winterhart, also als Kübelpflanze kultivieren.

Dill

(Anethum graveolens) Eine einjährige Pflanze mit sehr feinen Blättern und hübschen grüngelben Blüten in Dolden. Sowohl die jungen Blätter als auch die Blüten und Samen können verwendet werden, sollten jedoch nicht mitgekocht werden. Ab Anfang April an Ort und Stelle aussäen, im Juni erneut säen für die Ernte im Spätsommer. Vollsonniger Standort und nicht zu feuchter Boden.

Estragon

(Artemisia dracunculus) Eine kleine Staude mit langen Stängeln voller schmaler Blätter. Nur der richtige „Französische" Estragon duftet stark; also vorher testen, bevor Sie eine Estragonpflanze kaufen, denn es gibt viele Sämlinge im Handel, die nicht duften. Die frischen Blätter haben einen typischen Duft, der an Anis erinnert. Nicht mitkochen oder trocknen. Für vollsonnige Standorte und nicht zu feuchte Böden, mäßig winterhart.

Koriander

(Coriandrum sativum) Eine einjährige Pflanze mit weißen Blüten in Dolden. Die frischen Blätter haben einen typischen, sehr auffälligen Geschmack, der vor allem in der asiatischen Küche geschätzt wird. Im Mai an Ort und Stelle an einem sonnigen Standort aussäen. Sowohl die Blätter als auch die Samen können verwendet werden, falls erwünscht werden sie mitgekocht.

Currykraut

(Helichrysum italicum) Ein mäßig winterharter Halbstrauch mit sehr feinen graugrünen Blättern und gelben Blüten. Die Blätter duften stark nach Curry und können als Ersatz verwendet werden. Für einen vollsonnigen Standort und trockene Böden; gedeiht gut im Topf.

Currykraut

Zitronenmelisse

(Melissa officinalis) Eine buschige Staude mit kleinen weißen Blüten. Die Blätter verströmen einen köstlichen Zitronenduft, sehr wohlschmeckend in Tees und Bowle (siehe Seite 111), eignet sich aber auch gut für Sträuße. Die Blätter können den ganzen Sommer über geerntet werden. Diese Pflanze sät sich leicht selbst aus und wächst eigentlich überall.

Minze *(Mentha x piperita)*

Die Blätter haben einen frischen Pfefferminzgeschmack, sehr wohlschmeckend als Tee, auch zu Schwarztee oder Blütentee. Die Blätter lassen sich gut trocknen; die Blüten sind ebenfalls essbar. Vorzugsweise im Topf kultivieren, da Minze stark wuchern kann. Es gibt viele Sorten mit typischem Duft und Geschmack. Volle Sonne oder Halbschatten.

Wilder Majoran, Oregano *(Origanum vulgare)*

Eine Staude mit schönen violetten (essbaren) Blüten, die sehr attraktiv sind für Schmetterlinge. Die frischen oder getrockneten Blätter werden viel in mediterranen Gerichten verwendet. Aussaat oder Pflanzung im April. Für volle Sonne und einen relativ trockenen, kalkhaltigen Boden.

Salbei *(Salvia officinalis)*

Ein Halbstrauch mit graugrünen Blättern und violetten Schmetterlingsblüten. Es gibt auch Sorten mit gelbbunten oder violett gefärbten Blättern. Die frischen oder getrockneten Blätter werden in mediterranen Gerichten oder Schmorgerichten verwendet und können mitgekocht werden. Im Frühling aussäen oder Ableger nehmen. Für vollsonnige Standorte und gut durchlässige Böden, mäßig winterhart.

Majoran

Thymian

Petersilie

Petersilie *(Petroselinum crispum)*

Eine zweijährige Pflanze oder Staude mit aromatischen Blättern, die frisch verarbeitet werden. Es gibt Glatte und Krause Petersilie. Dieses Kraut enthält viel Vitamin A und Eisen. Im April aussäen oder Jungpflanzen kaufen. Halbschatten und nicht zu trockener Boden.

Rosmarin *(Rosmarinus officinalis)*

Ein mäßig winterharter Strauch mit linearen Blättern, die einen sehr intensiven Duft verströmen, wenn sie gequetscht werden. Im Sommer violettblaue Schmetterlingsblüten, die ebenfalls essbar sind. Die Blätter können frisch oder getrocknet verwendet und auch mitgekocht werden. Im Frühjahr pflanzen. Für volle Sonne und durchlässigen Boden sorgen; vor strengem Frost schützen oder als Kübelpflanze kultivieren.

Echter Thymian *(Thymus vulgaris)*

Winzige, aromatische Blätter und kleine violette Schmetterlingsblüten. Der wilde Sand-Thymian (*Thymus serpyllum*) ist etwas einfacher zu kultivieren, *Thymus citriodorus* ist der Zitronen-Thymian. Die frischen oder getrockneten Blätter können mitgekocht werden. Für vollsonnige Plätze und sehr durchlässigen, trockenen und kalkhaltigen Boden, mäßig winterhart.

Essbare Blüten Blüten sind nicht nur schön anzusehen, viele sind auch essbar. Man kann einige Sorten im Gemüsegarten kultivieren, um Salate, Desserts oder Kuchen damit zu verzieren. Oder man trocknet die Blüten aus dem Garten für eine bunte Teemischung.

Essbare Blüten

Blütentee

Holunderblüten-Pfannekuchen

Trocknen oder Einfrieren

Wenn man Blüten für eine eigene Teemischung trocknen möchte, empfiehlt es sich, die Blütenblätter zu lösen und flach auszubreiten. Man lässt sie einige Tage an einem warmen, luftigen Platz liegen, bis sie sich ganz trocken anfühlen (rascheln). Sie werden in einer Dose oder einem (nicht ganz geschlossenen) Glas an einem kühlen, dunklen Ort gelagert. Die Schönheit der Blüten kann auch gut in Eis eingefangen werden: Indem die Blüten in einer Eiswürfelschale eingefroren werden, erhält man einen tollen Effekt. Die Schale zunächst zur Hälfte mit Wasser füllen und warten, bis die Blüten ein bisschen im Eis festsitzen. Danach die Schale mit Wasser auffüllen. Auf diese Weise verhindert man, dass die Blüten oben treiben und so mitten ins Eis gelangen. Oder man füllt zu einem speziellen Anlass eine Napfkuchenform mit Wasser und schönen Blüten und lässt das Ganze durchfrieren, als besondere Tischdekoration. Probieren Sie es aus! Gänseblümchen, Borretsch, Schnittlauch, Bohnenblüten, Rosenblätter oder Lavendel sind ideal dafür.

Verwerten

Essbare Blüten können auf unterschiedliche Weisen verarbeitet werden. Frische Blüten sind toll zur Dekoration von Salaten und anderen kalten Gerichten wie Eis. Herzhafte Blüten der Kapuzinerkresse zu einem Salat, blaue Borretschblüten auf Eiern, liebliche Veilchen auf einem Kuchen und die Flammenblume *(Phlox)* auf Eis. Die Blütenknospen der Taglilie *(Hemerocallis)* sind im Orient eine echte Delikatesse. Blüten, die schon leicht geöffnet sind, können gefüllt werden, beispielsweise mit Sauerrahm und Kräutern. Noch größere Blüten wie die der Zucchini und des Kürbis können mitsamt der Füllung in Bierteig getaucht und frittiert werden (siehe Seite 69). Das geht auch sehr gut mit Holunderblüten; hier erhält man eine Art kleiner Pfannekuchen. Schmeckt sehr gut als Dessert mit einem Hauch Puderzucker und Roter Johannisbeersauce. Essbare Blüten können auch gezuckert werden und bleiben dann sehr lange haltbar, siehe

Eiswürfel mit essbaren Blüten

Rezept Seite 125. Frische oder getrocknete Blüten werden gerne in Teemischungen verarbeitet. Hierfür eignen sich besonders Ringelblumen und Rosenblätter. Sie verleihen der Mischung Farbe und dem Tee einen feinen Geschmack. Getrocknete Blüten des Hibiskus werden in tropischen Ländern häufig verwendet, um einem Sud eine schöne rote Farbe zu geben.
Die meisten unserer Pflanzen sehen also nicht nur hübsch aus, einige von ihnen sind tatsächlich essbar. Es gibt allerdings auch giftige Arten, die viel Schaden anrichten können. Einige wichtige werden in der nachstehenden Liste (nicht vollständig!) aufgeführt. Vorsicht damit!

Essbare Blüten

- Schnittlauch *(Allium schoenoprasum)*
- Dill *(Anethum graveolens)*
- Gänseblümchen *(Bellis perennis)*
- Borretsch *(Borago officinalis)*
- Ringelblume *(Calendula officinalis)*
- Zucchini und Kürbis *(Cucurbita)*
- Taglilie *(Hemerocallis)*
- Ysop *(Hyssopus officinalis)*
- Lavendel *(Lavandula*-Sorten*)*
- Minze *(Mentha*-Sorten*)*
- Majoran *(Origanum vulgare)*
- Flammenblume *(Phlox paniculata)*
- Rosen *(Rosa)*
- Rosmarin *(Rosmarinus officinalis)*
- Salbei *(Salvia officinalis)*
- Schwarzer Holunder *(Sambucus nigra)*
- Löwenzahn *(Taraxacum officinale)*
- Kapuzinerkresse *(Tropaeolum majus)*
- Stiefmütterchen *(Viola*-Sorten*)*

Giftige Pflanzen

- Eisenhut *(Aconitum)*
- Herbstzeitlose *(Colchicum)*
- Maiglöckchen *(Convallaria)*
- Seidelbast *(Daphne)*
- Fingerhut *(Digitalis)*
- Efeu *(Hedera)*
- Christrose *(Helleborus)*
- Goldregen *(Laburnum)*
- Platterbse *(Lathyrus)*
- Wunderbaum *(Ricinus)*
- Eibe *(Taxus)*
- Blauregen *(Wisteria)*

Kräuteröl

verschiedene Kräuter, wie Thymian, Rosmarin, Salbei und Majoran
Olivenöl oder Traubenkernöl
Knoblauch
schwarze Pfefferkörner

Die Kräuter werden morgens an einem trockenen Tag geerntet und gegebenfalls trockengetupft. Die Blätter werden etwas gequetscht und die ganzen Zweige in eine Flasche mit Olivenöl gegeben. Achten Sie darauf, dass die Zweige vollständig mit Öl bedeckt sind, etwas gehackten Knoblauch und Pfeffer hinzufügen. Die Flasche fest verschließen und etwa einen Monat an einem warmen Ort stehen lassen. Dann die Kräuter entfernen. Auf dieselbe Weise ist es auch möglich, auf der Grundlage von Weinessig einen Kräuteressig herzustellen. Weitere, geeignete Kräuter sind Dill, Estragon, Zitronenmelisse, Lavendel und sogar Minze und Schnittlauchblüten. Man kann es auch mal mit Erdbeeren in Weinessig versuchen. Kräuteröl und -essig sind hervorragend geeignet, um Schmorgerichten und Salaten einen besonderen Geschmack zu geben.

Potpourri und Duftsäckchen

duftende Kräuter und Blüten, wie Salbei, Lavendel und Rosen
Gewürze, wie Zimt, Nelken, Anis und Koriander
getrocknete Schale einer Orange oder Zitrone

Die Blüten und Kräuter an einem trockenen Tag ernten und in Büscheln zum Trocknen aufhängen. Zum Trocknen eignen sich besonders: Rosenblätter, Salbei, Minze, Lavendel (Blätter und Blüten), Rosmarin, Zitronenmelisse, Thymian, Waldmeister, Duft-Pelargonien und (für die Farbe) Strandflieder. Wenn die Pflanzen rascheln, werden die Blätter abgezupft und miteinander vermischt. Um den Duft zu intensivieren, können Gewürze und ein Tropfen ätherisches Öl hinzugefügt werden. Den duftigen Potpourri in eine dekorative Schale oder einen Korb geben oder in kleine Säckchen füllen. Mit einer Heißklebepistole können die getrockneten Blätter auch auf einem Kranz oder einer Kugel befestigt werden. Eine schöne Geschenkidee.

verschiedene essbare Blüten und Blätter
1 Eiweiß
feiner Tafelzucker

Blüten zuckern

Die Blüten und Blätter an einem trockenen Tag ernten. Das Eiweiß schlagen, bis es trüb ist, jedoch noch nicht schaumig. Mit einem Pinsel die Blüten dünn mit dem Eiweiß bestreichen. Größere Blüten können auch in das Eiweiß eingetaucht werden, allerdings sollte überschüssiges Eiweiß entfernt werden. Die Blüten vollständig mit dem feinen Zucker bestreuen und auf ein mit Backpapier ausgelegtes Backblech legen. Die Blüten im Backofen bei niedrigster Stufe und offener Ofentür trocknen, bis sie sich knusprig anfühlen. Bei warmer und trockener Witterung können sie auch außerhalb des Ofens getrocknet werden. Aufgehoben werden sie in einer geschlossenen Dose. Hierfür geeignete Blüten sind: Rosen, Ringelblume, Borretsch, Flammenblume (*Phlox*) und Stiefmütterchen. Auch die Blätter von Minze und Zitronenmelisse schmecken sehr gut. Sie eignen sich besonders, um Desserts, Kuchen und Eis mal etwas anders zu verzieren.

Eistee mit Zitronenverbene

Zitronenverbene
Pfefferminze
loser Schwarztee
getrocknete Zitronenschale
Zitronensaft
Honig oder Zucker

Die Kräuter an einem trockenen Tag ernten und in Büscheln zum Trocknen aufhängen. Alle Blätter von den Stängeln zupfen, die Kräuter mischen und in einer luftdicht verschlossenen Dose aufbewahren. Man kann natürlich auch frische Blätter verwenden. Man bereite einen Tee aus der Kräutermischung, indem man drei Esslöffel Kräuter, einen halben Esslöffel Schwarztee und die getrocknete Zitronenschale mit einem Liter kochendem Wasser übergießt. Zehn Minuten ziehen lassen, gegebenenfalls abseihen und mit zwei Esslöffeln Zitronensaft und je nach Geschmack mit Honig oder Zucker süßen.
Eiswürfel mit essbaren Blüten, wie Borretsch oder Lavendel, herstellen und den Tee eiskalt mit den Eiswürfeln servieren.

Mit ein paar Blumen und Blättern aus dem Garten kann man schon einen schönen Blumenstrauß zusammenstellen, aber mit einer richtigen Schnittblumenecke darf nach Herzenslust im eigenen Garten gepflückt werden. Besonders die Kombination von Gemüse und Blumen kann hübsche Effekte erzielen.

Schnittblumen

Kräuter und Blumen

Schnittblumen im Garten

Wenn ausreichend Platz vorhanden ist, macht es Spaß, einige Schnittblumen im Gemüsegarten zu kultivieren. Denn was ist schöner, als Blumen aus dem eigenen Garten zu pflücken? In einem traditionellen Gemüsegarten kann zum Beispiel am Anfang eines jeden Beets eine Gruppe Schnittblumen gepflanzt werden. In einem Potager darf man die Blumen einfach zwischen das Gemüse pflanzen. Es lassen sich zum Beispiel Rotkohl mit Ringelblumen oder Mangold mit Dahlien kombinieren. Die duftende Wicke (*Lathyrus*) ist eine einjährige Kletterpflanze, die sich an einem Draht hochranken kann und somit wenig Platz beansprucht. Bei der Wahl der Pflanzen sollte man einige Dinge berücksichtigen. Wenn Sie zu unterschiedlichen Jahreszeiten pflücken möchten, sollten Sie auf die Blütezeit der Pflanzen achten. Auch die Farbe ist nicht unwesentlich: Mögen Sie lieber warme, auffällige Töne, wie Orange oder Rot, oder bevorzugen Sie Sträuße in den Pastelltönen Rosa und Lila? Und nicht vergessen, einige schöne Blattpflanzen hinzuzufügen, denn Blätter bilden oft die Grundlage eines Blumenstraußes. Die meisten Einjährigen sind übrigens ausgezeichnete Schnittblumen, und es macht Spaß, sie im Frühjahr selbst zu ziehen.

Die meisten reichblühenden Pflanzen brauchen einen nährstoffreichen Boden und vollsonnigen Standort. Die Blumen können in Reihen kultiviert werden oder in lockeren Gruppen wie in einer Rabatte. Pflanzen, die recht hoch werden, benötigen oft etwas Halt; dazu spannt man im Frühjahr grobmaschigen Maschendraht auf 30 bis 50 cm Höhe horizontal über dem Boden.

Schnittblumen

- Schafgarbe *(Achillea millefolium)*
- Frauenmantel *(Alchemilla mollis)*
- Zier-Lauch (*Allium*-Sorten)
- Aster (*Aster*-Arten und Sorten)
- Ringelblume *(Calendula officinalis)*
- Dahlie (*Dahlia*-Hybriden)
- Sonnenblume *(Helianthus annuus)*
- Duftwicke *(Lathyrus odoratus)*
- Blut-Weiderich *(Lythrum salicaria)*
- Katzenminze *(Nepeta x faassenii)*
- Pfingstrose (*Paeonia-Lactiflora*-Gruppe)
- Phlox (*Phlox-Paniculata*-Gruppe)
- Rosen (*Rosa*-Hybriden)
- Salbei *(Salvia nemorosa)*
- Tulpe (*Tulipa*-Hybriden)
- Zinnie *(Zinnia elegans)*

Pflücken und pflegen

Die beste Zeit, Blumen im Garten zu pflücken, ist früh morgens. Nehmen Sie die Stiele mit Blütenknospen, die zwar nicht ganz offen sind, aber schon Farbe zeigen. Dahlien, Zinnien und Rosen sollten schon etwas weiter geöffnet sein. Am besten schneidet man über jungen Trieben, die sich oft in den Blattachseln befinden, so dass die Bildung neuer Blüten angeregt wird. Verwenden Sie eine scharfe Gartenschere oder ein scharfes Messer, denn eine glatte Schnittwunde kann mehr Wasser aufnehmen. Zupfen Sie die unteren Blätter von den Stielen und stellen diese in einen vollen Eimer mit lauwarmem Wasser und Schnittblumendünger. Der Eimer mit den Blumen kommt für mindestens zwei Stunden an einen kühlen Ort, damit die Stiele sich mit Wasser vollsaugen können. Danach werden sie schräg angeschnitten. Die Blumen können nun zu einem Strauß gebunden werden.

Praktisches

Praktisches

Planung Auf den folgenden Seiten werden die wichtigsten Regeln für erfolgreiches Gärtnern besprochen. Gemüse ist anspruchsvoll und sicher geht hin und wieder etwas schief. Sie sollten sich aber nicht entmutigen lassen, trauen Sie sich auch mal etwas anderes auszuprobieren, oder bauen Sie nur Sorten an, die in Ihrem Garten gut gedeihen.

Bevor Sie einen Spaten in den Boden stecken, muss zunächst ein Plan angefertigt werden. Bei der Planung eines Gemüsegartens stellt sich die erste wichtige Frage: Was möchten Sie erreichen? Soll der Gemüsegarten rein funktional sein und erwartet man einen großen Ertrag, oder soll die Bepflanzung vor allem hübsch aussehen. Welche Gemüsesorten man kultivieren kann, hängt von der Größe des Grundstücks, dem Boden (siehe Seite 132) und dem Standort (vorzugsweise sonnige und geschützte Lage) ab. Wenn Sie sich für eine Einteilung in Beete entscheiden, sollten diese (siehe Seite 12 bis 19) nicht zu klein sein, zum Beispiel 120 auf 150 cm. Für eine Mischkultur (siehe Seite 136) sind mindestens vier Beete nötig. Vielleicht ist auch noch Platz für ein Gewächshaus oder Frühbeet. Auch die Pflege sollte berücksichtigt werden: Wie viel Zeit ist verfügbar und in welcher Jahreszeit hat man die meiste Zeit für den Gemüsegarten.

Fertigen Sie am Anfang der Saison einen maßstabgerechten Grundriss an und machen Sie eine Liste der Pflanzen, die Sie kultivieren möchten. Bei der Erstellung der Pflanzenliste kann auch das Äußere der Gemüse berücksichtigt werden: Man wählt zum Beispiel bunten Mangold, violette Bohnen oder gelbe Zucchini.

Ein praktischer, ertragreicher Gemüsegarten kann aus einer einfachen Parzelle mit festgetretenen Wegen bestehen. Sie können auch klassische, mit Buchs eingefasste Beete anlegen oder zum Beispiel ein Hochbeet direkt neben dem Rasen herrichten (Bild links). Wenn der Gemüsegarten auch hübsch sein soll, sind bleibende Akzente, wie Hecken, Kletterhilfen und Wege wichtig. Im Hinblick auf die Pflege sollte man für die Wege besser große Betonplatten wählen als kleine Kopfsteine. Vielleicht kann eine Reihe aus Spalierobst den Weg einrahmen oder große Töpfe mit Obstbäumchen dienen als Blickfänger. In einem Garten-Tagebuch können die Daten zur Mischkultur und alle Erfolge und Misserfolge eingetragen werden. Auf diese Weise wird der Gemüsegarten immer ertragreicher und schöner.

- **LINKE SEITE OBEN** In diesem kleinen Garten wächst Gemüse in dekorativen, mit Buchs eingefassten Beeten.
- **LINKE SEITE UNTEN** In diesem Familiengarten grenzt ein Hochbeet an den Rasen.
- **RECHTE SEITE** Aussaat und Pflanzung im Frühjahr für eine üppige Ernte im Sommer

Ein neuer Gemüsegarten

Das auf den Bildern oben gezeigte Grundstück ist 2,30 × 4 m groß. Hier war erst eine Blumenrabatte, aber nun soll darauf Gemüse angebaut werden. Zunächst wurde ein Entwurf angefertigt und beschlossen, das Gemüse in Reihen zu kultivieren. Bei der Wahl spielte auch das Aussehen der Pflanzen eine Rolle. Der Boden wurde gründlich gelockert sowie Kompost und organischer Dünger eingearbeitet. Im April konnten die ersten Gemüse ausgesät werden, später wurden dann die vorgezogenen und gekauften Pflanzen hinzugefügt. Zwischen das Gemüse wurden einige Blumen in Gelb- und Orangetönen ausgesät. Im Sommer sieht der Gemüsegarten toll aus und man kann bereits Salat und Möhren ernten. In die Lücken wird für die Ernte im Spätsommer erneut ausgesät und eingepflanzt. Im Frühjahr muss man schon die Ärmel hochkrempeln, aber innerhalb weniger Monate kann man sich bereits an seinem kleinen Gemüsegärtchen freuen und bald regelmäßig einen Korb voll leckeres Gemüse daraus ernten.

Der Boden

Es gibt verschiedene Bodenarten: Ton, Lehm, Sand und Schluff. Um die Qualität des Bodens zu beurteilen, sieht man sich Humusgehalt und Struktur etwas genauer an. Mit einem ausführlichen Bodentest (erhältlich im Gartencenter) erfährt man noch mehr über seinen Boden und bekommt Hinweise für die richtige Düngung.

Bodenverbesserung ist im Gemüsegarten fast immer notwendig. Der traditionelle Gemüsegärtner gräbt den Boden jährlich um, aber inzwischen gibt es viele alternative Methoden zur Bodenlockerung. Wir haben mit dem nachfolgenden Verfahren gute Resultate erzielt: Nur beim Anlegen eines neuen Beets wird der Boden tief umgegraben und alter Stalldung eingearbeitet. Danach wird jedes Jahr im Herbst eine Schicht kalkreicher Kompost über die Beete verteilt. Im Winter wird alter Stalldung und Blutmehl, Hornspäne und Knochenmehl leicht mit einer Mistgabel eingearbeitet. Statt altem Stalldung kann man auch Trockendünger oder gemischten organischen Dünger verwenden. Im Frühjahr den Boden mit einer Grabgabel lockern und glattrechen. Nach der ersten Ernte wird noch etwas Blutmehl eingearbeitet, um den Boden mit ausreichend Stickstoff zu versorgen. Bei nassen Böden wird man übrigens eine gute Drainage brauchen, um erfolgreich Gemüse anzubauen.

Düngerarten

Mit gut abgelagertem Stalldung kommt das Leben im Boden in Gang und man verbessert den Humusgehalt des Bodens. Gemischter organischer Dünger kann auch verwendet werden. Kritische Gärtner möchten keine chemischen Dünger ausbringen und entscheiden sich für organisch-biologische Dünger. Kompost ist vor allem gut für die Struktur und das Wasserhaltevermögen des Bodens. Mit Kalk kann der pH-Wert des Bodens beeinflusst werden. Meistens verwendet man, abgesehen von organischem Dünger während des Wachstums, auch mineralische Dünger. Diese Kunstdünger sind ein chemisches Produkt mit einer schnellen Wirkung, in denen vor allem Stickstoff, Phosphor und Kalium enthalten ist. Stickstoff unterstützt das Pflanzenwachstum. Zu viel Stickstoff führt jedoch zu Geschmacksverlust, die Pflanzen werden hoch und kraftlos, zudem wird das Bodenleben beeinträchtigt. Die richtige Dosierung ist also sehr wichtig (siehe Verpackung). Im biologischen Gemüsegarten wird kein Kunstdünger verwendet; man kann auch mit organischem Dünger und einer Gründüngung gute Erträge erzielen.

- **BILDER LINKS** Selbst gemachter Kompost ist gut für den Boden.
- **BILDER RECHTS** Mit Mulch aus Stroh oder schwarzer Folie trocknet der Boden weniger schnell aus und Unkraut wird unterdrückt.

Mulch und Gründünger

Wenn der Boden mit einer Schicht organischem Material bedeckt wird, spricht man von mulchen. Der Vorteil dieser Methode ist, dass der Boden nicht so schnell austrocknet oder verhärtet und weniger Temperaturschwankungen ausgesetzt ist. Unkraut hat wenig Chancen und das Leben im Boden kommt optimal in Gang. Die Mulchschicht zersetzt sich langsam und sorgt auf die Weise auch wieder für Nährstoffe im Boden. Nachteilig ist, dass eher Pilzerkrankungen auftreten können und es womöglich weniger hübsch aussieht. Für eine Mulchschicht kann man Stroh, Heu, Rinde, Kompost, Kakaohülsen oder schwarze Folie verwenden.

Wenn der Boden eine Weile brachliegen darf, ist es eine gute Idee, Gründünger auszusäen. Das sind Pflanzen, welche die Struktur des Bodens verbessern und oft auch Stickstoff anreichern. Zum Ende der Vegetationsperiode kann der Gründünger entfernt werden und der Boden ist bereit für das Gemüse. Gründüngerpflanzen sind Klee, Kreuzblütler wie Gelbsenf, Sommer- oder Winterroggen, Bienenfreund *(Phacelia)*, Borretsch *(Borago)* und Buchweizen.

Düngerarten

1 Düngekugeln
2 Kalk
3 Algendünger
4 Düngestäbchen
5 Langzeitdünger
6 Blutmehl
7 Rosendünger
8 Mineralischer Flüssigdünger
9 Rosendüngertabs
10 Organischer Dünger
11 Organischer Flüssigdünger
12 Osmocote
13 Koniferendünger

In Beeten & Fächern

Gemüse braucht ausreichend Platz, um sich richtig entwickeln zu können. Deshalb sollte man vorher gut überlegen, wie man die Pflanzen anordnen möchte. Gemüse kann in Reihen oder Gruppen kultiviert werden, in Säcken oder Hochbeeten.

Die gängigste Methode ist die Kultur in Reihen, meistens eine Sorte pro Reihe oder mehrere Reihen einer Sorte nebeneinander. Das ist vor allem praktisch bei der Pflege: Alle Pflanzen brauchen dieselbe Pflege und sie werden gleich groß. Außerdem kann man zwischen den Reihen durchgehen und es können leicht Folientunnel darüber angebracht werden. Oder pflanzen Sie einfach unterschiedliche Sorten eines Gemüses durcheinander an und bewirken damit einen reizvollen Effekt, zum Beispiel jeweils zwei Reihen hellgelber und dunkler Salat. Oder setzen Sie hellen und dunklen Salat abwechselnd in eine Reihe.

Der Abstand zwischen den Pflanzen und Reihen ist bei den jeweiligen Gemüsebeschreibungen immer erwähnt. Der Nachteil einer Reihenkultur: Die Wege zwischen den Reihen brauchen viel Platz und der Boden wird ständig begangen.
Eine weitere Möglichkeit ist die Kultur in rechteckigen oder viereckigen Beeten (Fächern) von beispielsweise fünf auf fünf Pflanzen. Der Gemüsegarten wird hierbei in kleine Beete von etwa 120 cm Breite mit Wegen dazwischen aufgeteilt. Diese Art der Kultur passt sehr gut zu unserem Beetsystem (siehe Seite 13 und 28 bis 29).

Pflanzung

Im Gemüsegarten sät man meist ins Freiland, aber viele Gemüse werden zuerst in Töpfchen vorgezogen. Beim Pflanzen sollte man darauf achten, die Jungpflanzen möglichst nicht zu beschädigen. Und sie sollten sich bereits an die Außentemperatur gewöhnt haben. Das Pflanzbeet wird vorbereitet, indem der Boden gründlich gelockert und abgerecht wird, der Boden sollte mäßig feucht sein. Gießen Sie die Sämlinge an und sorgen Sie dafür, dass während des Pflanzens die Wurzeln nicht austrocknen. Mit der Hand oder einer Schaufel wird ein Loch gemacht, die Oberseite des Ballens sollte auf Bodenniveau abschließen. Die Erde wird sorgfältig angedrückt, damit die Erde sich um die Wurzeln des Sämlings legt. Danach wird sofort angegossen. Nach dem Pflanzen sollte man es vermeiden, über den Boden zu gehen, damit die Struktur schön locker bleibt. Wann die Pflanzen ins Freiland dürfen ist meist sortenabhängig. Mehr darüber finden Sie bei den Gemüsebeschreibungen ab Seite 46.

- **LINKE SEITE** Tomaten und Salat bringen reiche Ernte auch in Kunststoffbehältnissen.
  Ein geordneter Gemüsegarten mit leicht erhöhten Beeten.
- **RECHTE SEITE** Verschiedene Sorten Salat im Blockmuster. Vorgezogene Pflanzen werden im Frühjahr ins Freiland gesetzt.

Kultur in Säcken

Für die erfolgreiche Kultur von Gemüse ist auch ein stabiler Kunststoffsack praktisch. So ein Behältnis mit Erde sieht vielleicht nicht so schön aus, aber die Ernte ist meistens sehr gut. Vor allem Tomaten, Paprika, Peperoni und Salat eignen sich dafür. Man kann einfach einen stabilen Beutel einer Blumenerde benutzen oder spezielle im Handel erhältliche Beutel. Man legt sie ins Gewächshaus oder zum Beispiel auf eine Mauer. Hohe Pflanzen, wie Tomaten, brauchen zusätzlichen Halt.

Mischkultur

Bestimmte Gemüse entziehen dem Boden immer dieselben Nährstoffe oder werden schnell von Pilzerkrankungen befallen. Gibt man diesen Pflanzen jedes Jahr denselben Standort, können Mangelerscheinungen auftreten und Krankheitserreger im Boden zurückbleiben. Deshalb wurde die Mischkultur entwickelt.

Mischkultur-Gruppen

Gruppe A – Alle Gemüsearten, die viel Stickstoff benötigen: Kartoffeln, Blattgemüse, Kohlsorten, Gewürzgurken und Schlangengurken, Zucchini, Knollensellerie, Lauch und Tomaten.

Gruppe B – Alle Wurzelgemüse, wie Rüben, Knollenfenchel, Möhren und Zwiebeln

Gruppe C – Alle Hülsenfrüchte, wie Erbsen und Bohnen

Bei der Mischkultur bekommen Gemüse, zum Beispiel Kartoffeln, erst nach einigen Jahren wieder denselben Standort. Kartoffeln dürfen nicht öfter als alle vier Jahre am selben Platz kultiviert werden, um die gefürchtete Kartoffelkrankheit zu verhindern. Es gibt Modelle von bis zu acht Jahren, aber in einem kleinen Garten ist es am einfachsten, die Fläche in drei Teile einzuteilen: Beet A, Beet B und Beet C. Im ersten Jahr ist die Verteilung wie folgt: Beet A enthält Gemüse aus der Gruppe A, Beet B aus Gruppe B und Beet C aus Gruppe C. Im zweiten Jahr rückt alles ein Beet weiter: Beet A enthält Gemüse aus Gruppe C, Beet B aus Gruppe A und Beet C aus Gruppe B. Im dritten Jahr wird wieder aufgerückt und im vierten Jahr ist alles wieder wie im ersten Jahr. Auf dem vierten Teil können zum Beispiel Erdbeeren und anderes Kleinobst kultiviert werden. Wenn man beim Planen des Gemüsegartens die Fruchtfolge berücksichtigen möchte, die besten Kombinationen und Mischkultur anstrebt und es dazu auch noch hübsch aussehen soll, dann übernimmt man sich. Die Regeln sollten daher auch nicht zu strikt gesehen werden. Allerdings empfiehlt es sich, sie weitestgehend zu befolgen. Wenn Ihnen das aber nicht gelingt, ist eine etwas geringere Ernte oder ein paar mehr Schädlinge auch keine Katastrophe.

- **LINKE SEITE** Zwischenkultur: Früher Salat zwischen Zucchini.
- **RECHTE SEITE OBEN** Mischkultur: In jedem Beet eine andere Gemüsegruppe.
- **RECHTE SEITE UNTEN** Kohlgemüse können zusammen in ein Beet gepflanzt werden.

Fruchtfolge

Im gleichen Beet können innerhalb eines Jahres mehrere Gemüsearten nacheinander kultiviert werden. Man sät zum Beispiel im März Kohlrabi, der im Juni geerntet wird (Vorkultur). An diese Stelle werden die Buschbohnen gesät, und wenn die geerntet sind, kann im September noch Feldsalat gesät werden (Nachkultur). Bei der Zwischenkultur werden schnell wachsende Gemüsearten mit langsam wachsenden Pflanzen kombiniert, zum Beispiel vorgezogener Salat zwischen Zucchini (Bild links). Bei der Reihenfolge sollte allerdings die Mischkultur berücksichtigt werden. Kohl entnimmt dem Boden zum Beispiel viel Stickstoff, weshalb man nach der Ernte kein Gemüse an dieselbe Stelle setzen sollte, das viel Stickstoff benötigt. Im Falle einer kombinierten Kultur werden Gemüse, die sich günstig beeinflussen, bewusst zusammengepflanzt. Bei allen Gemüsebeschreibungen finden Sie Empfehlungen zur Vor-, Kombinations- und Nachkultur.

Stauden, wie Rhabarber und Schnittlauch, können geteilt werden (Bild unten links), die meisten Gemüsepflanzen werden jedoch durch Aussaat vermehrt. Viele Arten keimen am besten in relativ feuchtem, warmem Boden, weshalb sie im Haus oder in einem beheizten Gewächshaus vorgezogen werden. Durch die Zufuhr zusätzlicher Wärme kann man sie früher ziehen. Manche Arten werden im Freiland auch direkt ins Beet gesät, wenn sie nicht noch einmal vereinzelt und umgesetzt werden müssen. Vor allem auf sandigen Böden empfiehlt es sich, vor der Aussaat etwas Topferde oder Kompost in den Boden einzuarbeiten. Zudem wird er angefeuchtet, denn nachträgliches Gießen kann die Samen wegspülen.

Meistens wird 1 bis 2 cm tief eingesät; feine Samen etwa einen halben Zentimeter und große Samen wie Bohnen 4 bis 5 cm tief. Auch wenn man noch so dünn gesät hat, werden meistens zu viele Pflanzen keimen. Im Freiland muss dann ausgedünnt werden, bis die Sämlinge den richtigen Abstand zueinander haben (siehe Gemüsebeschreibungen). Die überschüssigen Pflänzchen werden hierbei ausgezupft, nur die schönsten Exemplare bleiben stehen.

In Reihen

Meistens wird im Freiland in Reihen gesät. Niedrig wachsendes Gemüse wie Spinat kann man auch breitwürfig aussäen. Die Samen werden hierbei über die ganze Fläche verteilt. Große Samen wie die von Bohnen sät man oft in Grüppchen von drei bis fünf. Anfänger säen häufig zu dick, weshalb die Pflanzen nachher großzügig ausgedünnt werden müssen. Deshalb sollte feiner Samen sehr dünn verteilt werden, zum Beispiel indem er mit weißem Sand oder einem Samenstreuer ausgebracht wird. Es gibt Saatbänder, auf denen die Samen den richtigen Abstand haben sowie pilliertes Saatgut. Viele Samen sind übrigens Leckerbissen für Vögel, also sollte das Saatbeet mit Maschendraht geschützt werden, bis die Samen aufgegangen sind.

Im Haus vorziehen

Man verwendet Saatschalen oder Töpfchen mit Löchern im Boden und füllt sie mit Aussaaterde. Man kann auch selber Aussaaterde herstellen, indem Topferde mit Torf und scharfem Sand vermischt wird. Die Samen werden in der Schale verteilt und mit einer dünnen Schicht Aussaaterde bedeckt. Dann wird das Ganze leicht angedrückt und noch eine dünne Schicht scharfer Sand darüber gestreut. Die Schale wird nun vorsichtig in ein größeres Behältnis mit Wasser gestellt. Wenn der weiße Sand sich dunkel verfärbt, hat die Erde sich vollgesogen. Nicht vergessen, Etiketten anzubringen. Die Schale mit einer durchsichtigen Plastikhaube oder Plastiktüte abdecken und in ein beheiztes Mini-Gewächshaus oder auf eine warme Fensterbank stellen (10 bis 20 °C). Sorgen Sie für genügend Licht, sobald die Pflanzen aufgehen. Die jungen Pflanzen müssen sich nun allmählich an eine niedrigere Temperatur und Luftfeuchtigkeit gewöhnen. Wenn sie zwei Blattpaare haben (Bild rechts), wird vereinzelt. Man nimmt die Sämlinge an den Blättern behutsam aus der Schale und setzt sie in Töpfchen.

Vermehrung

Gewächshäuser, Hauben und Folien

Mithilfe von Folie und Glas kann die Ernte im Gemüsegarten gesteigert werden. Zu viel Wind und Regen wird abgehalten, während die Sonne für eine höhere Temperatur sorgt.

Ein Gewächshaus

Ein eigenes Gewächshaus ist der Traum vieler Gemüsegärtner. Man kann darin im Frühjahr die Pflanzen vorziehen und im Sommer typische Gewächshauspflanzen, wie Tomaten und Schlangengurken, haben. Es sind Aluminium-Bausätze im Handel erhältlich. Gewächshäuser aus Holz sind sehr schön, allerdings wesentlich teurer. Im Gewächshaus gibt es meistens an der einen Seite einen Arbeitstisch und an der anderen Seite ein Beet für die hohen Pflanzen. Man denke an die Beleuchtung, eine Steckdose und einen Wasseranschluss. Eine Heizung ist nicht unbedingt erforderlich, aber ohne Heizung kann das Gewächshaus im Winter nicht genutzt werden. Mit einem elektrischen Heizstrahler kann die Temperatur im Frühling vorübergehend etwas angehoben werden. Das Gewächshaus braucht einen sonnigen Platz – ein wenig natürlicher Schatten mitten am Tag ist sehr nützlich.

Frühbeet

Für ein Gewächshaus ist nicht immer genug Platz im Garten, aber bereits mit einem kleineren Frühbeet kann man sehr gute Ergebnisse erzielen. Im Frühbeet ist es etwas wärmer, und die Pflanzen werden vor zu viel Regen geschützt. Wenn es um die Anzucht von Gemüse geht, sind Zucchini, Gewürzgurken und Melonen sehr gut geeignet. Bei Salat, Spinat und Radieschen kann die Ernte in einem Frühbeet beschleunigt werden. Auch die weitere Anzucht im Haus (bei Wärme) vorgezogener einjähriger Pflanzen funktioniert im Frühbeet wunderbar – indem die Fenster immer weiter geöffnet werden, gewöhnen sie sich allmählich an die Außentemperatur. Ein Frühbeet war früher in jedem Gemüsegarten vorhanden, bestand immer aus Stein- oder Holzwänden und war abgedeckt mit in Holz gerahmtem Fensterglas. Das ist noch immer eine ausgezeichnete Konstruktion. Man kann beispielsweise Betonelemente und (alte) Fenster verwenden oder selber ein Frühbeet aus Holz und Glas bauen. Es gibt auch Bausätze im Handel, bei denen das Glas durch Kunststoffplatten ersetzt wurde. Auch aus einzelnen Fenstern mit Metallrahmen können einfache Frühbeete gemacht werden (siehe Seite 73). Man braucht einen festen Untergrund, damit die Pflanzen in Töpfen oder Kübel wachsen können. Es ist auch möglich, das Frühbeet direkt auf ein Beet im Gemüsegarten zu stellen; dann wachsen die Pflanzen in natürlichem Boden.

Hauben

Es gibt verschiedene Plastikhauben, die junge Pflanzen vor zu viel Regen und Frost, aber auch vor Vögeln schützen können. Sehr hübsch sind die kleinen Hauben im viktorianischen Stil aus Metall und Glas. Man kann aber auch durchsichtige PET-Flaschen verwenden, aus denen der Boden geschnitten wird.

Folie

Mit Folie kann man im Gemüsegarten Hervorragendes bewirken. Zu niedrige Temperaturen oder zu viel Regen werden dadurch abgeschwächt. Mit durchsichtiger Polyäthylenfolie kann man kleine und große Tunnel bauen. Verwenden Sie für niedrige Folientunnel zum Beispiel biegsame Kunststoffleisten (Bild siehe 13 rechts); wenn ein Seil über die Folie gespannt wird, bleibt alles an seinem Platz. Mit robusterem Stützmaterial können sogar ganze Gewächshäuser gebaut werden; ideal für die Kultur von Tomaten. Bei frisch eingesäten Beeten wird mit speziell perforierter Folie der Keimvorgang beschleunigt (Bild links oben); der Boden wird wärmer und die Feuchtigkeit bleibt erhalten. Spezielle Hauben für Tomaten sorgen für einen guten Reifeprozess (Bild linke Seite unten). Mit einem Abdeckvlies (Bild oben, Mitte) werden die Jungpflanzen insbesondere vor Kälte geschützt, praktisch bei späten Nachtfrösten.

Gießen

Die Kultur von Gemüse ist eine intensive Art des Gärtnerns: Man muss gießen, jäten, hochbinden und ernten. Pro Quadratmeter rechnet man etwa 40 Minuten pro Jahr. In einem Gemüsegarten von 400 m^2 ist man von März bis Oktober also etwa sechs bis acht Stunden pro Woche beschäftigt. Eine praktische Vorgehensweise reduziert jedoch die Arbeit und sorgt trotzdem für eine gute Ernte.

Gießen

Vor allem während der Anzucht junger Pflanzen, aber auch während trockener Sommermonate ist das Gießen sehr wichtig. Ein Wasseranschluss oder die Möglichkeit Grundwasser zu pumpen oder Wasser aus einem (sauberen) Bach zu schöpfen ist deshalb notwendig. Meistens zeigen Ihnen die Pflanzen selbst, wann sie Durst haben, dann lassen sie die Blätter hängen. Sie können mit der Gießkanne wässern, aber in einem großen Gemüsegarten ist das sehr aufwändig. Ein Gartenschlauch mit einer feinen Brause erspart viel Zeit, insbesondere feste Sprinkleranlagen sind sehr praktisch. Verwenden Sie eine feine Gewächshausbrause oder eine pulsierende Sektorbrause, die recht hoch angebracht wird. Die Brauseköpfe können mit einem einfachen Sprühcomputer gesteuert werden. Ein Übermaß an Verdunstung kann man mit einem Folientunnel oder indem man für Schatten sorgt, verhindern. Mit einer Mulchschicht wird die Feuchtigkeit besser im Boden gehalten.

Jäten

Jeder Boden steckt voller Unkrautsamen, die Kultur von Unkraut erfolgt leider ganz von alleine. Wenn man das Unkraut nicht entfernt, hat Gemüse keine Chance, sich zu entwickeln. Jäten Sie das Unkraut per Hand oder verwenden Sie bei trockener Witterung eine Stoßhacke. Am besten bevor sich die Samen bilden, um deren Selbstaussaat zu verhindern. Unkrautwuchs wird auch durch eine Mulchschicht eingedämmt.

Stützen

Viele Gemüsearten brauchen eine Stütze, um aufrecht zu wachsen. Dazu kann man Bambusstäbe, Reisigholz, Hecken oder Bögen verwenden. Im Gewächshaus werden oft Schnüre von oben nach unten gespannt. Dazu verwendet man am besten weiche Gärtnerschnur; sie ist zwar weniger robust, jedoch braucht sie nur ein Jahr zu halten und schneidet die weichen Pflanzentriebe nicht ein.

- **LINKE SEITE** Mit einer Gießkanne kann man sehr gezielt gießen, mit einem feinen Brausekopf wird das Wasser gut verteilt.
- **RECHTE SEITE LINKS** Rot angemalte Bohnenstange als Stütze für die Prunkbohne.
- **RECHTE SEITE MITTE** Ein Metallbogen für Kletterbohnen
- **RECHTE SEITE RECHTS** Mit einer scharfen Stoßhacke wird das Unkraut zwischen den Salatreihen entfernt.

Ernten & lagern

Die ganze Arbeit im Gemüsegarten ist ausgerichtet auf die Ernte von wohlschmeckendem und gesundem Gemüse. Man pflückt genau die Menge, die man für eine Mahlzeit braucht, oder lagert das Gemüse, Obst und Kräuter, um sie auch im Winter noch genießen zu können.

Ernten

Wann kann man Gemüse ernten? Es ist nicht immer einfach zu bestimmen, zu welchem Zeitpunkt eine Gemüsesorte am besten schmeckt. Viele Gemüse haben den besten Geschmack, wenn die Früchte noch recht klein sind, zum Beispiel Bohnen, Zucchini, Radieschen und Möhren, also müssen diese zeitig geerntet werden. Zucchini und Brokkoli wachsen aber oft so schnell, dass häufig zu spät geerntet wird. Deshalb sollte man täglich nachsehen, was im Gemüsegarten los ist. Wenn Sie das Erntegut nicht gleich verwerten können, sollten Sie es jetzt dennoch ernten und das Gemüse im Kühlschrank aufbewahren. Salat, Endivie, Brokkoli und Pak Choi schießen beispielsweise schnell ins Kraut: Die Pflanzen beginnen zu blühen und sind dann nicht mehr zum Verzehr geeignet. Es macht aber Spaß, vielleicht auch mal eine Pflanze blühen zu lassen, denn die Blüten sind oft sehr hübsch. Obst wird im reifen Zustand am besten bei trockenem Wetter geerntet und sofort an einen kühlen Platz gebracht.
Wenn nicht allzu viel gleichzeitig reif ist, kann man genau die Menge ernten, die man benötigt und muss nichts lagern. Kaum etwas schmeckt köstlicher als ein Salat, der kurz vor dem Essen gepflückt wurde, oder ein Maiskolben, der von der Pflanze direkt ins kochende Wasser kommt. Deshalb sollte bereits vor der Aussaat von Gemüse überlegt werden, wie viel man davon gleichzeitig verarbeiten kann. Oder säen Sie die schnell wachsenden Sorten, wie Salat oder Radieschen, beispielsweise alle zwei Wochen nach, um die Ernte zu staffeln.

Lagern

Es gibt jedoch auch Gemüse, das ausgezeichnet gelagert werden kann, wie Wintermöhren, Kartoffeln, Kohl, Knollensellerie, Trockenbohnen und Lageräpfel. Manche Gemüse können aber auch einfach im Garten bleiben, bis sie in der Küche benötigt werden, wie Grünkohl, Schwarzwurzeln, Winterlauch und Wintermöhren. Kartoffeln oder Lagerkohlarten lassen sich in einem dunklen kühlen Raum in Kisten oder Säcken aufheben. Sehr gut geht auch das Eingraben in Sand bei Wintermöhren, Rüben, Knollensellerie und Kohlrabi. Man verwendet hierzu zum Beispiel eine Kiste, die in den Schuppen gestellt wird. Das Einfrieren von Gemüse ist ebenfalls üblich, sogar das altmodische „Einwecken" erlebt ein Comeback. Aus Obst kann Kompott oder Konfitüre gemacht werden, Kräuter werden zum Trocknen kurz vor der Blüte geerntet.

- **LINKE SEITE OBEN** Dieser Wirsing kann geerntet und an einem kühlen Platz noch sehr lange gelagert werden.
- **LINKE SEITE UNTEN** Die blauen Blüten von ins Kraut geschossener Endivie.
- **RECHTE SEITE LINKS** Kartoffeln halten sich den ganzen Winter über in einem kühlen, dunklen Keller.
- **RECHTE SEITE RECHTS** Die meisten Gemüsearten schmecken am besten direkt nach der Ernte.

Cut-and-come-again

Sehr produktiv ist die cut-and-come-again-Methode, die vor allem bei Salatmischungen und anderen Salatpflanzen gut angewendet werden kann. Es wird dicht ausgesät, und wenn die jungen Blätter etwa 10 bis 15 cm hoch sind, wird alles abgeschnitten. Die Pflanzen treiben daraufhin erneut aus den Wurzeln, so dass man noch einmal ernten kann.

Von Pflanzenschutzmitteln, die schädlich für die Umwelt (und den Menschen!) sind, wird im Gemüsegarten mit Nachdruck abgeraten. Dennoch ist es oft nötig, das Gemüse vor Schädlingsbefall zu schützen.

Krankheiten & Schädlinge

- **LINKS OBEN** Tomaten können von verschiedenen Krankheiten befallen werden.
- **MITTE OBEN** Große Schädlinge wie Schnecken können abgelesen werden.
- **OBEN RECHTS** Mit Brennnesseln stellt man selber Brennnesseljauche her.
- **MITTE LINKS** Tagetes haben den Ruf, eine abschreckende Wirkung auf verschiedene Schädlinge zu haben.
- **LINKS UNTEN** Raupen lieben die zarten Kohlblätter.
- **MITTE UNTEN** Mit einem Netz können junge Kohlpflanzen vor Vögeln geschützt werden.
- **RECHTS UNTEN** Ohrwürmer kriechen gerne in Töpfchen mit Stroh.

Glücklicherweise gibt es eine Reihe von Hilfsmitteln, die man bedenkenlos anwenden kann. Feine Kulturschutznetze können allerlei fliegende Insekten abhalten und sind, sofern gut angebracht, sehr effektiv. Wenn Bodenpilze ein Problem darstellen, kann man das Gemüse in Töpfen ohne Boden und mit frischer Topferde befüllt, kultivieren (siehe Seite 79). Gegen Läuse und Pilzbefall darf mit biologischen Produkten gespritzt werden, die gebrauchsfertig erhältlich sind. Es lassen sich auch ‚Hausmittelchen" wie Brennnesseljauche herstellen. Diese Mittel müssen allerdings rechtzeitig und regelmäßig eingesetzt werden. Gelbtafeln werden im Gewächshaus aufgehängt, um die Weiße Fliege zu bekämpfen. Für manche Schädlinge im Gewächshaus sind biologische Gegenspieler (Nützlinge) erhältlich, wie zum Beispiel Schlupfwespen. Schnecken und Raupen kann man mechanisch entfernen, es sind auch spezielle Schneckenfallen erhältlich. Ohrwürmer verkriechen sich gerne in Töpfchen mit Stroh. Vögel und Kaninchen können ebenfalls viele Schäden verursachen, indem sie Samen aufpicken, Jungpflanzen anknabbern oder Obst fressen; Netze sind in diesem Fall die Lösung. Mäuse lieben Maiskörner und andere Dinge – ein Schutz aus feinem Maschendraht schafft Abhilfe. Es gibt auch Sorten, die gegen typische Krankheitserreger resistent sind. Ein gesunder und fruchtbarer Boden, die Anwendung von Mischkultur (siehe Seite 136), der richtige Aussaattermin und Dünger helfen dabei, Krankheiten zu vermeiden.

Brennnesseljauche

Man sammelt 500 g Brennnesseln, zerkleinert die Blätter, gibt sie in einen Eimer und gießt einen Liter kochendes Wasser auf. Der Eimer wird eine Woche stehen gelassen, dann wird die Jauche abgeseiht und mit vier Liter Wasser aufgefüllt. Der Sud dient als Spritzmittel gegen Blattläuse. Der Pflanzensud stärkt zudem den Widerstand der Pflanze und wirkt somit vorbeugend. Ackerschachtelhalm wird ebenfalls häufig angewendet. Er wirkt vorbeugend gegen Pilzbefall und stärkt die Zellwände, so dass Insekten weniger Schaden anrichten können.

Unproblematisches Gemüse

Wer Gemüse kultivieren möchte, ohne viel Ärger mit Krankheiten und Schädligen zu haben, kein Problem. Aber ein lockerer, fruchtbarer Boden und ausreichend Sonne ist Grundvoraussetzung für einen gesunden Garten. Folgend einige anspruchslose Gemüsevertreter: Kürbisse und Zucchini kennen kaum Probleme. Bei feuchter Witterung können die Früchte aber faulen. Man legt dann ein Brett oder Stroh unter. Salat wächst in der Regel sehr problemlos, Sie sollten eine Sorte wählen, die zur Saison passt. Gartenkresse kann man das ganze Jahr über (auch drinnen) in Schalen aussäen. Radieschen sind sehr gesund und wachsen sehr schnell, vor allem im Frühjahr. Die meisten Bohnensorten liefern bei guter Pflege eine recht große Ernte. Steckzwiebeln sind ebenfalls nahezu problemlos und können bereits nach 60 Tagen geerntet werden. Und schließlich Rhababer, eine Staude, die über Jahre hinweg an derselben Stelle bleiben kann.

GROENTEN

Werkzeug

Ein Spaten ist das wichtigste Werkzeug im Gemüsegarten, aber es gibt noch eine Reihe mehr praktischer Gerätschaften und Hilfsmittel, die das Leben des Gemüsegärtners erleichtern. Man sollte sich vorzugsweise Werkzeug in guter Qualität zulegen, denn es ist gut in der Handhabung und hat eine lange Lebensdauer.

Mit dem ständigen Holen von Werkzeug geht bei der Gartenarbeit viel Zeit verloren, deshalb ist ein Korb oder eine Tasche, in der man das Werkzeug mitnimmt, sehr praktisch. Es gibt auch kleine Taschen, die am Hosengürtel befestigt werden können.

Werkzeug muss auch gewartet werden. Nach Gebrauch sollte es immer gesäubert und an einem trockenen Platz aufbewahrt werden, wie zum Beispiel in einem Schuppen oder einer Werkzeugkiste. Wenn man Metallwerkzeug regelmäßig ölt, hält es länger. Scharfes Werkzeug erleichtert die Arbeit; Gartenscheren, Gartenmesser, Spaten und Hacken können mit einer Feile oder einem Wetzstein geschärft werden. Ein übersichtliches System zur Aufbewahrung ist sehr zweckmäßig, beispielsweise ein Gestell für Spaten, Rechen und Hacken.

Die wichtigsten Werkzeuge werden im Text rechts genannt. Es gibt natürlich noch mehr praktische Hilfsmittel, wie Pflanzschnüre, Bleichtöpfe, eine Abfalltasche, einen Kultivator (zur Bodenlockerung), Anhäufler (für Kartoffeln) und Pflanzstock.

Unentbehrliches Werkzeug

Wichtige Werkzeuge für den Gemüsegarten sind Spaten und Grabegabel. Sie werden verwendet zum Umgraben, zur Bodenlockerung und um bodenverbesserndes Material einzuarbeiten. Eine Pflanzschaufel ist unentbehrlich beim Setzen von Jungpflanzen. Mit einer Hacke kann auf kahlem Boden Unkraut entfernt werden, und einen Rechen verwenden Sie, um den Boden zu ebnen. Eine Gartenschere kommt bei verschiedenen Schnittarbeiten zum Einsatz; sehr praktisch ist ein Halfter, das man an die Hose hängen kann. Eine Gießkanne gehört ganz sicher dazu. Für eine Schubkarre gilt: je größer, je besser. Die Anordnung des Rads legt fest, wie schwer man hebt. Wenn das Rad zu weit vorne ist, muss man selbst den größten Teil der Last heben. Wenn man hinter einer vollen Schubkarre mit gestrecktem Rücken steht, muss sie genau im Gleichgewicht auf dem Rad ruhen. Für die Kinder gibt es viel lustiges buntes Werkzeug in kleiner Ausführung.

Stiele

Sehr wichtig ist die Länge der Stiele. Wenn man aufrecht steht, sollte der Spatengriff bis zur unteren Rippe reichen. Man muss sich dann nicht zu viel bücken und schont so den Rücken. Auch bei einer Hacke, einem Rechen oder Besen sollte der Stiel lang genug sein, um aufrecht arbeiten zu können.

Garten-Kalender

Frühjahr

März

Allgemeine Arbeiten

Unkraut jäten, mulchen, Kompost/Stalldung ausbringen, Saatbeete vorbereiten, frühes Gemüse aussäen, Bohnenstangen anbringen, Garten-Tagebuch anlegen.

Aussäen

Aussaat im warmen Gewächshaus/Fensterbank: Knollensellerie, Knollenfenchel, Bleichsellerie, Tomaten, Auberginen und Kartoffeln vorkeimen lassen.

Aussaat im kalten Gewächshaus/Fensterbank: Salat, Winterportulak, Sommermöhren, Rote Bete, Radieschen, Winterzwiebeln, Lauch (Herbstkultur), Kohl (Sommerkultur) und Rosenkohl.

Aussaat ins Freiland: Feldsalat, Spinat, Mangold, Gartenkresse, Sumpfkresse, Puffbohnen, Erbsen und Zuckererbsen.

Pflanzen

Ins Freiland setzen: Steckzwiebeln, Schalotte und Knoblauch.

April

Allgemeine Arbeiten

Jungpflanzen abhärten, frostempfindliche Pflanzen schützen, anhäufeln, düngen, Unkraut jäten, frühe Blüten mit Vlies vor Frost schützen, Bohnenstangen und anderes Stützmaterial anbringen, mulchen.

Aussäen

Aussaat im warmen Gewächshaus/Fensterbank: Schlangengurken, Gewürzgurken, Melonen, Zucchini, Kürbis, Paprika, Peperoni, Mais, Trockenbohnen, Prinzessbohnen und Schnittbohnen.

Aussaat im kalten Gewächshaus/Fensterbank: Kopfsalat, Eissalat, Portulak, Blumenkohl (Sommerkultur), Brokkoli, (Sommer- und Winterkultur) und Kohlrabi.

Aussaat ins Freiland: Pflücksalat, Schnittsalat, Spinat, Stielmus, Mangold, Gartenkresse, Sommermöhren, Rüben, Radieschen, Säzwiebeln und Lauch (Winterkultur).

Pflanzen

Ins Freiland setzen: Pflücksalat, Schnittsalat, Säzwiebeln, Winterzwiebeln, Lauch (Sommerkultur), Kohlsorten (frühe Kultur), dicke Bohnen und Kartoffeln. Auch Stauden wie Artischocken, Spargel, Rhabarber, Schnittlauch und andere Kräuter.

Ernten

Feldsalat, Spinat, Gartenkresse, Sumpfkresse, Radieschen, Lauch und Winterbrokkoli.

Frühsommer

Mai

Allgemeine Arbeiten

Gießen, aussäen, Unkraut jäten, nachdüngen nach der ersten Ernte, Stroh zwischen die Erdbeerpflanzen legen. Ab Mitte Mai können die frostempfindlichen Pflanzen ins Freiland.

Aussäen

Aussaat ins Freiland: Salat, Spinat, Mangold, Gartenkresse, Sumpfkresse, Sommermöhren, Rote Bete, Radieschen, Knollenfenchel, Winterzwiebeln, Grünkohl, Brokkoli, Kohlrabi, Trockenbohnen, Prinzessbohnen, Schnittbohnen und Gewürzgurken.

Pflanzen

Ins Freiland setzen: Endivie, Knollensellerie, Knollenfenchel, Kohlsorten (Sommerkultur), Rosenkohl, Kohlrabi, Trockenbohnen, Prinzessbohnen und Schnittbohnen. Eventuell ins Gewächshaus: Tomaten und Schlangengurken.

Ernten

Salat, Feldsalat, Spinat, Stielmus, Portulak, Mangold, Gartenkresse, Sumpfkresse, Sommerrübe, Radies und Blumenkohl (Winterkultur).

Juni

Allgemeine Arbeiten

Gießen, auf Krankheiten oder Schädlingsbefall kontrollieren, die letzten frostempfindlichen Sorten ins Freiland setzen, Kleinobst vor Vögeln schützen. Obstbäume: Früchte ausdünnen, Sommerrückschnitt.

Aussäen

Aussaat ins Freiland: Salat, Endivie, Spinat, Portulak, Mangold, Gartenkresse, Sommermöhren, Rüben, Radieschen, Steckrübe, Blumenkohl (Herbstkultur), Kohlrabi, Prinzessbohnen und Schnittbohnen.

Pflanzen

Ins Freiland setzen: Kohlsorten (Herbstkultur), Sommer- und Winterbrokkoli, Kohlrabi und Bleichsellerie. Anfang Juni (oder ins Gewächshaus): Melonen, Zucchini, Kürbis, Paprika, Peperoni, Aubergine und Mais.

Ernten

Salat, Spinat, Stielmus, Portulak, Mangold, Gartenkresse, Sommermöhren, Rüben, Radieschen, Zwiebeln, Knoblauch, Kohl (frühe Kultur), Erbsen, Zuckererbsen, Süßkirschen und Erdbeeren.

Juli

Allgemeine Arbeiten

Gießen, nachdüngen, Pflanzen hochbinden, auf Krankheiten kontrollieren, Unkraut jäten.

Aussäen

Aussaat ins Freiland: Salat, Endivie, Spinat, Stielmus, Mangold, Gartenkresse, Rote Bete, Radieschen, Chinakohl, Prinzessbohnen und Schnittbohnen.

Ernten

Salat, Endivie, Spinat, Portulak, Mangold, Gartenkresse, Sommermöhren, Rote Bete, Knollenfenchel, Kartoffeln, Säzwiebeln, Schalotten, Knoblauch, Lauch (Sommerkultur), früher Blumenkohl, Kohlrabi, Puffbohnen, Erbsen und Zuckererbsen, Gewürzgurken, Zucchini, Pflaumen, Beeren und Himbeeren.

Pflanzen

Ins Freiland setzen: Blumenkohl (Herbstkultur), Grünkohl und Kohlrabi.

August

Allgemeine Arbeiten

Gießen, zusätzliche Pflege von Gewächshauspflanzen und Kontrolle auf Krankheiten, Kräuter zur Trocknung ernten, leere Beete säubern und gegebenenfalls noch aussäen.

Aussäen

Aussaat ins Freiland: Salat, Feldsalat, Spinat, Stielmus, Winterportulak, Mangold, Gartenkresse, Radieschen, Winterzwiebeln, Spitzkohl und Wirsing.

Ernten

Salat, Spinat, Portulak, Mangold, Gartenkresse, Sumpfkresse, Sommermöhren, Rote Bete, Radieschen, Knollenfenchel, Kartoffeln, Zwiebeln, Lauch, Kohlsorten (Sommerkultur), Brokkoli, Kohlrabi, Prinzessbohnen, Schnittbohnen, Tomaten, Schlangengurken, Gewürzgurken, Zucchini, Kürbis, Paprika, Peperoni, Äpfel, Birnen, Brombeeren und Heidelbeeren.

Herbst

September

Allgemeine Arbeiten

Garten aufräumen, Gartenabfälle kompostieren, Lagergemüse und -Obst ernten, Samen von Kräutern ernten und aufbewahren, Stauden teilen.

Aussäen

Aussaat ins Freiland: Feldsalat, Radieschen und Gartenkresse.

Ernten

Salat, Feldsalat, Endivie, Spinat, Mangold, Gartenkresse, Sumpfkresse, Sommermöhren, Rote Bete, Radieschen, Knollenfenchel, Kartoffeln, Winterzwiebeln, Sommerlauch, Kohlsorten (Herbstkultur), Trockenbohnen, Prinzessbohnen, Schnittbohnen, Bleichsellerie, Tomaten, Gurken, Melonen, Zucchini, Kürbis, Paprika, Peperoni, Aubergine, Mais, Äpfel, Birnen, Himbeeren, Trauben und Erdbeeren.

Oktober

Allgemeine Arbeiten

Einjährige abräumen, frostempfindliche Pflanzen schützen, mulchen mit Kompost, Lagergemüse ernten, Blumenzwiebeln stecken (als Schnittblumen), Samen für Sprossen keimen lassen.

Ernten

Salat, Feldsalat, Endivie, Spinat, Mangold, Gartenkresse, Sumpfkresse, Sommer- und Wintermöhren, Rote Bete, Radieschen, Knollensellerie, Knollenfenchel, Lauch, Kohlsorten, Grünkohl, Rosenkohl, Winterbrokkoli, Kohlrabi, Bleichsellerie, Zucchini, Kürbis, Mais und Walnuss.

November/Dezember

Allgemeine Arbeiten

Garten-Tagebuch aktualisieren, Garten aufräumen, Obstbäume/Sträucher pflanzen (bis einschließlich März), Wintergemüse ernten, Lagergemüse kontrollieren, Vögel füttern, Samenkataloge bestellen.

Ernten

Lauch, Mangold, Wintermöhren, Rote Bete, Knollensellerie, Kohl, Grünkohl, Blumenkohl, Brokkoli, Kohlrabi, Knollenfenchel und Keimlinge.

Januar

Allgemeine Arbeiten

Samen aus Katalogen bestellen, alten Stalldung und ggf. extra Dünger leicht in den Boden einarbeiten, Werkzeug reinigen und schleifen, Bindematerial der Obstbäume nachsehen, Kulturplan erstellen.

Aussäen

Aussaat im warmen Gewächshaus/Fensterbank: Pflücksalat, Schnittsalat, Bindesalat, Winterzwiebeln, Lauch (Sommerkultur), Kohlsorten (frühe Kultur) und Keimlinge.

Ernten

Grünkohl, Rosenkohl, Brokkoli und Keimlinge.

Februar

Allgemeine Arbeiten

Winterrückschnitt von Obstbäumen und Beerensträuchern, Töpfe und Saatschalen reinigen, Aussaaterde selbst mischen oder kaufen.

Aussäen

Aussaat im warmen Gewächshaus/Fensterbank: Endivie, Winterzwiebeln, Grünkohl (frühe Kultur), Brokkoli, Kohlrabi, Puffbohnen, Säzwiebeln und Sprossen.
Aussaat ins Frühbeet: Salat und Stielmus.

Ernten

Siehe Januar.

Adressen

Informationsstellen

Zentralverband Gartenbau
Deutschland e.V. (ZVG)
Godesberger Allee 142–148
53175 Bonn
www.g-net.de

Forschungsring für biologisch-dynamische Wirtschaftsweise e.V.
Brandschneise 1
64295 Darmstadt
Tel.: 0 61 55/84 12-0
www.forschungsring.de

Erhaltung der Sortenvielfalt

Verein zur Erhaltung der Nutzpflanzenvielfalt (VEN) e.V.
Sandbachstr. 5
38162 Schandelah
Tel.: 0 53 06/14 02
www.nutzpflanzenvielfalt.de

Geschäftsstelle/
Tiere und Pflanzen
Stiftung Pro Specie Rara PSR
Pfrundweg 14
CH-5000 Aarau
www.psrara.org

Arche Noah
Obere Str. 40
A-3553 Schloss Schilten
www.arche-noah.at

Nützlinge

W. Neudorff GmbH KG
Abt. Nutzorganismen
Postfach 12 09
31857 Emmerthal
Tel.: 0180/5 63 83 67
www.neudorff.de

Saatgut

Thysanotus-Samenversand
Uwe Siebers
Schulweg 21
28876 Oyten
Tel.: 0 42 07/57 08
www.thysanotus-samenversand.de

Thompson & Morgan
Postfach 10 69
36243 Niederaula
Tel.: 0 40/61 19 39 93
www.thompson-morgan.com

Gärtner Pötschke GmbH
Beuthener Straße 4
41561 Kaarst
Tel.: 0 18 05/8 61-100
www.gaertner-poetschke.de

Syngenta Seeds GmbH
Gemüse & Blumen
Alte Reeser Str. 95
47533 Kleve
Tel.: 0 28 21/9 94-0

Bio-Saatgut Ulla Grall
Eulengasse 3
55288 Armsheim
Tel.: 0 67 34/96 03 79
www.bio-saatgut.de

Bruno Nebelung GmbH & Co. KG
Kiepenkerl-Pflanzenzüchtung
Kunden-Service
Im Weidenboden 12
57629 Norken
www.kiepenkerl.de

Baldur-Garten GmbH
Elbinger Straße 12
64625 Bensheim
Tel.: 0 18 05/10 35-11
www.baldur-garten.de

Einige interessante ausländische Websites mit Informationen zum Gemüsegarten oder wo Samen bestellt werden können:

www.terredesemences.com
www.chilternseeds.co.uk
www.hdra.org.uk
www.thompson-morgan.com
www.bolster.nl Biologisch-dynamische Samen.
www.jansenzaden.nl Lieferant für Gemüse- und Blumensamen.
www.moestuin.nl
www.oranjebandzaden.nl Biologische Gemüsesamen.
www.velt.be Verein für ökologische Lebens- und Kulturarten, auch Samenverkauf.
www.vlaamszaadhuis.com
www.vreeken.nl Samen alter Gemüse- und Blumensorten.
www.zaadhandelvanderwal.nl Gemüsesamen
www.warmoestuin.be Biologische Samen und Setzlinge, viele alte Arten.
www.xotus.nl Lieferung von Samen exotischer Pflanzen.

Register

Halbfette Seitenzahlen verweisen auf Abbildungen

Register

Register

Weiterführende Literatur zum Schnitt von Obst- und Ziergehölzen

Herbert Bischoff: Das Kosmos Buch Obstbaumschnitt,
ISBN 978-3-440-10819-2, Kosmos Verlag, Stuttgart

Herbert Bischof: Obstgehölze schneiden,
ISBN 978-3-440-09069-5, Kosmos Verlag, Stuttgart

Richard Bird: Das Kosmos Buch vom Gehölzschnitt,
ISBN 978-3-440- 11123-9, Kosmos Verlag Stuttgart

Das Kosmos Handbuch Gartengehölze,
ISBN 978-3-440-09700-7, Kosmos Verlag, Stuttgart

Angelika Schartl: Wein aus dem Garten,
ISBN 978-3-440-08495-3, Kosmos Verlag, Stuttgart

Impressum

Danksagung an

Karin, Lynn, Bram und Daan van den Hoven (der Familiengemüsegarten Seite 20–25)
Bèr van Teeffelen und Gruppe 2 (prinsenkamer) der Oranje Nassauschool (Garten Seite 11)
Lisanne Luteijn und Ryan Willemstein (Gemüsegarten Seite 28–29)
Darlisha Gabriel und Marloes Rademaker (Potager Seite 30–31)
Alec Willemstein und Bodine Luteijn (Garten in Kästen Seite 26–27 und 32–33)
Miranda und Celeste Herwig (Seite 10, Sonnenblume Seite 36, Seite 43, 105)
Lucas Hartman und Pim Smith im Schulgarten der Stichting Schoolwerktuinen, Baarn (Vogelscheuche Seite 40)
Karin van den Hoven (Vogelscheuche Seite 40, Schablone Seite 43)
Margriet Walvoort (Rezeptvorgabe und Herstellung von Gerichten)
Anneke Beemer (Assistentin Fotoarchiv)

Bildnachweis

Seite 2–3 und 34–35: die Tische sind von Timzowood, Amsterdam. 06 551 116 49. www.timzowood.nl
Seite 8: Château Villandry, Frankreich
Seite 9 oben: Gemüsegarten vom Muiderslot, Muiden, Niederlande
Seite 12: Alitex
Seite 13: rechts: Gärten Rob Herwig
Seite 14: links: Clinton Lodge, England. Rechts: Town Place, England
Seite 15: Hadspen Garden, England
Seite 16: links: Wisley Gardens, England
Seite 17: links: De Heerenhof
Seite 18: links oben: Entwurf Terence Conran
Seite 134: rechts: Clinton Lodge, England
Seite 137: oben: Little Lodge, England